아무 일도 일어나지 않아도
괜찮은 날의 의미

아무 일도 일어나지 않아도 괜찮은 날의 의미

발행일   2025년 12월 22일

지은이   양범
펴낸이   손형국
펴낸곳   (주)북랩

출판등록   2004. 12. 1(제2012-000051호)
주소   서울특별시 금천구 가산디지털 1로 168, 우림라이온스밸리 B동 B111호, B113~115호
홈페이지   www.book.co.kr
전화번호   (02)2026-5777   팩스   (02)3159-9637

ISBN   979-11-7224-990-8 04810 (종이책)   979-11-7224-991-5 05810 (전자책)
           979-11-7598-042-6 04810 (세트)

잘못된 책은 구입한 곳에서 교환해드립니다.
이 책은 저작권법에 따라 보호받는 저작물이므로 무단 전재와 복제를 금합니다.
본 도서는 (주)북랩이 보유한 리코 인쇄 장비 등 자체 생산 인프라를 통해 제작되었습니다.

작가 연락처 문의 ▶ ask.book.co.kr
전용 게시판에 문의를 남기시면 저자에게 직접 전달됩니다.

(주)북랩 성공출판의 파트너

북랩 홈페이지와 SNS에서 다양한 출판 솔루션을 만나 보세요!

홈페이지 book.co.kr • 블로그 blog.naver.com/essaybook • 출판문의 text@book.co.kr
카톡채널 북랩

범필로그
산문시집 **4**집

아무 일도 일어나지 않아도
괜찮은 날의 의미

양범 지음

우리를 다시 살게 하는
평범한 순간들에 대하여

북랩

프롤로그

· × ✹ × ·

서른 해가 거의 다 된, 까마득한 여름이었습니다. 7월 말 8월 초, 숨이 턱턱 막히는 열기 속에서, 저는 훈련병이었습니다. 제 가슴팍에는 '100'이라는 숫자가 선명했습니다. 백. 부르기도 쉽고, 기억하기도 좋은, 그래서 조교의 눈에 가장 띄기 좋은 번호였습니다. 10분간의 달콤한 휴식 시간, 그늘에 잠시 몸을 숨겨도 어김없이 "야, 100번!" 하는 소리가 저를 찾아냈습니다.

그날도 그랬습니다. 모두가 함께 흙먼지 속에서 뒹구는 얼차려 시간, 문득 헛웃음이 터져 나왔습니다. 집 떠나와 서로가 서로를 힘들게 하는 이 부조리한 풍경이, 어처구니가 없어서였습니다. 웃고 있는 저를 발견한 조교가 달려와 물었습니다. "너. 지금 왜 웃나." 저는 대답했습니다. "제가 웃고 싶어서 웃는 게 아니라, 그냥 웃음이 나와서 웃는 겁니다."

그날 이후, 저는 '제대로 찍힌' 훈련병이 되었습니다. 누구보다 동기들과 잘 어울리고, 낯선 환경에 빠르게 적응하던 제게 '관심사병'이라는 낙인이 찍혔습니다. 그 낙인은 이상한 힘이 있어서, 안 하던 실수를 하게 만들고, 없던 실패를 불러왔습니다. 주눅 든 어깨는 더 많은 실수를, 그 실수는 더 깊은 수렁을 만들었습니다. 저는 그때 처음 알았습니다. 한번 찍힌 낙인이 한 사람의 발목을 얼마나 오래 붙잡을 수 있는지를요.

어쩌면 제가 시를 쓰는 이유는, 평생 그 낙인과 싸워왔기 때문인지도 모릅니다. '100번'이라는 특별한 번호로 불리는 대신, 그저 이름 없는 평범한 하루를 살고 싶었습니다. '아무 일도 일어나지 않아도 괜찮은 날'을 꿈꿨습니다. 얼차려와 고함 대신, '고요가 말을 걸어오는 저녁'을 갈망했습니다. 잘해야 한다는 강박, 실수하면 안 된다는 불안, '삶이 숙제처럼 느껴질 때'마다, 저는 그저 평범해도 충분히 의미 있는 하루를 살고 싶다고, 간절히, 기도했습니다.

 이 시집은, 등 뒤에 찍힌 낙인을 지우기 위해, 수많은 밤을 뒤척였던 한 남자의 뒤늦은 답장입니다. 당신의 등 뒤에도 혹 지워지지 않는 희미한 낙인이 있다면, 이 시들이 당신의 상처를 어루만지는, 다정한 연고가 되기를 바랍니다.

목차

프롤로그 ⋯ 4

제1부 마음의 시동이 걸리지 않던 아침

마음의 시동이 걸리지 않던 아침 ⋯ 15
열심히 살았는데 왜 서러울까 ⋯ 17
삶이 숙제처럼 느껴질 때 ⋯ 19
꽃이 아름답게 보이지 않던 날 ⋯ 21
어른에게도 어른이 필요하다 ⋯ 23
행복이 되려 불안한 밤에는 ⋯ 25
책임감도 재능이라는 말의 무게 ⋯ 27
왜 우리의 최선은 90%가 아니라 110%여야 하는가 ⋯ 29
기분이 성격이 되지 않도록 ⋯ 31
그만두는 것도, 그만두지 않는 것도 용기였다 ⋯ 33
번아웃, 엔진이 꺼진 게 아니라 잠시 쉬는 것 ⋯ 35
괜찮다는 말에 굳은살이 박였다 ⋯ 37
감정에도 유통기한이 있다면 ⋯ 39
내가 삶에서 받은 패, 다시 섞을 수는 없지만 ⋯ 41

살아남았다는 건 강하다는 증거 ··· 43

슬픔을 의자 삼아 잠시 앉다 ··· 45

"이제 끝났다"고 생각한 곳에서 다시 씨앗을 심는다 ··· 47

제2부 나에게 조금 더 다정해지기로 했다

선을 자꾸 넘는 사람에게 선 긋는 법 ··· 51

내게 친절하지 않은 사람에게 친절하지 않을 용기 ··· 53

주눅 들 만큼 겸손하지는 않기로 했다 ··· 55

남의 시선에서 로그아웃합니다 ··· 57

'돌아이'로 살아도 괜찮다는 위로 ··· 59

너무 잘하려다 아무것도 시작하지 못했다 ··· 61

쪽팔림은 나의 오랜 스승이었다 ··· 63

무례한 사람들은 자신을 솔직하다고 말했다 ··· 65

내 안의 소년에게 말을 거는 법 ··· 67

나에게 밥 한 끼 차려주지 못한 날 ··· 69

필름을 되감는 시간 ··· 71

조명이 꺼진 자리 ··· 73

내가 가장 만나고 싶던 사람, 나였다 ··· 75

나는 내가 생각보다 괜찮은 사람입니다 ··· 77

열등감이라는 낡은 안경 ··· 79

똑똑한 우울 대신 행복한 바보를 택했다 ··· 81

남의 인생이 아닌, 내 인생의 대본을 쓰는 중입니다 ··· 83

인생 자체는 긍정적으로, 개소리에는 단호하게 ··· 85

가장 어려운 공부 ··· 87

제3부 결국 기억에 남는 건, 따뜻한 말투였다

어머니의 카톡 프로필 사진이 바뀌었다 ··· 91

딸에게는 알려주고 싶지 않은 세상의 법칙 ··· 94

아이의 무릎이 까질 기회를 주기로 했다 ··· 96

다음 생엔 당신의 시로 태어나고 싶다 ··· 98

아내의 잔소리는 사랑의 다른 말이었다 ··· 100

우리는 참 안 맞아서, 서로의 빈틈을 채워주었다 ··· 102

"내가 맞는데 저 사람은 왜 기분 나빠할까" ··· 105

사랑 언어 번역기가 필요해 ··· 107

오래 함께하기 위해, 가끔은 혼자가 되었다 ··· 109

사랑받아본 적 없는 사람을 사랑하는 법 ··· 107

존중이란, 상대의 문을 노크하는 것 ··· 112

가까울수록 다정해야 하는 이유 ··· 114

공감에도 지능이 필요했다 ··· 116

가족, 지더라도 웃을 수 있는 이상한 관계 ··· 118
최고의 소통은 함께 짓는 밥이다 ··· 120
다정함의 체력 ··· 122
결국 기억에 남는 건 말투다 ··· 124
보고 싶다는 말의, 가장 멋진 번역법 ··· 126
헤어지고 싶은 사람은 없었다, 그런 관계가 있었을 뿐 ··· 128

제4부 고요가 말을 걸어오는 저녁

다시, 반짝이는 우리의 시간 ··· 133
낮은 숨소리에 취하는 밤 ··· 135
고요가 말을 걸어오는 저녁 ··· 137
세상에서 가장 조용한 시간 ··· 139
오후 세 시의 그림자 ··· 141
아침 새소리, 다 좋았다 ··· 143
점심을 먹는다 ··· 145
점심시간의 밑줄 ··· 147
우리가 커피를 마시는 진짜 이유 ··· 149
애도하는 마음으로 어제를 보낸다 ··· 151
아침을 여는, 나만의 의식 ··· 153
평범함 속에 숨은 뜻 ··· 155
일상에서 마주치는 신의 문장들 ··· 157

헛걸음도 걸음이었다 ··· 159
제철을 기다리는 마음으로 ··· 161
기록되지 않은 기억은 추억이 될 수 없다 ··· 163
귀여움은 힘이 세다 ··· 165
택시 기사님의 온기 ··· 167
눈 그친 길 위에서 ··· 169
벚꽃, 어떤 엔딩 ··· 172
그랬었지 ··· 175
일상에서 승패를 나누지 않기로 했다 ··· 178

제5부 오늘은 이만하면 충분하다

계절이 지나갈 때 ··· 183
환절기(換節期) ··· 185
젊음이 사라졌을 때 내게 남은 무기 ··· 189
늦게 피는 꽃이 더 오래 향기롭다 ··· 192
걱정과 후회 속에 오늘을 살지 않기로 했다 ··· 194
흠집이 아니라 생활 기스입니다 ··· 196
아깝지 않은 사랑은 없었다, 모두 나를 조각했다 ··· 198
그 모든 파도가 내 삶을 아름답게 조각했다 ··· 200
내 삶에 머물렀던 모든 이들에게 ··· 202
오십이 되어서야 알게 된 것들 ··· 204

슬프지 않은 노년을 위하여 … 206
유한하기에 더 소중한 것들 … 208
삶이라는 모호함을 견디는 힘 … 210
살아온 날보다 살아갈 날을 위해 … 212
사소한 사건이 쌓여 거대한 내가 된다 … 214
내 묘비명에 적고 싶은 한 문장 … 216
목적지에 대한 생각은, 오래전에 접었다 … 218
유랑하는 시간의 운전사 … 220
터널이 길수록 출구의 빛은 눈부시다 … 222
세상은, 아직, 쓸 이야기가 많다 … 224
지난 일은 지난 일일 뿐이라는 거짓말 … 226
사실 그건 아무것도 아니었다고 말하기까지 … 228
엔딩을 바꾸기 위해 첫 문장을 다시 쓴다 … 230

제6부 숨 고르기-다시 불러본 문장들

한숨부터 열숨까지 … 235

에필로그 … 255

제1부

마음의 시동이 걸리지 않던 아침

마음의 시동이 걸리지 않던 아침

마음의 시동이 걸리지 않던 아침이 있었나요. 삶이 끝없는 숙제처럼 버겁고, 세상의 모든 소음에 마음이 닳아버린 날들. 이곳에서는, 애써 괜찮은 척하지 않아도 좋습니다. 당신의 지친 등을, 말없이, 다만 끄덕여주는 이야기들이 잠시, 곁을 내어줄 것입니다.

마음의 시동이 걸리지 않던 아침

쉼표 하나 없이 달려온 아침,
온몸의 문을 두드려도
대답이 없었다.

방전된 낡은 자동차처럼
어떤 소리도, 작은 흔들림도 없었다.

돌아보니 그랬다.
괜찮다는 말이, 어느새 딱딱한 갑옷이 되었다.
나를 돌볼 시간은 늘 맨 나중이었고,
따뜻한 밥 한 끼 챙겨줄 여유도 없었다.

그래서, 잠시 모든 것을 멈추기로 했다.

억지로 나를 일으켜 세우는 대신
그저, 가만히 있기로 했다.
괜찮지 않아도 괜찮다고, 처음으로 말해주기로 했다.

고요 속에서야 비로소 들려왔다.
창밖의, 작은 새소리가.
꼭 애쓰지 않아도 좋은 아침이라고,

너른 품으로 토닥이듯, 지저귀는 소리.

내 인생의 첫 쉼표가
그렇게, 찍히고 있었다.

열심히 살았는데 왜 서러울까

정말, 열심히 살았다.
누구보다 일찍 일어나고, 가장 늦게 잠들었다.
청춘을 통째로 갈아 넣었고,
몸이 부서져라 페달을 밟았다.
그러면 언젠가, 빛나는 결승선에 닿을 줄 알았다.

그런데 문득 돌아보니,
앞만 보고 달린 내 곁에는 아무도 없었고,
손에 쥔 것은 몇 개의 훈장이 아니라
사소한 일에도 울컥, 하는 서러움이었다.

나는 무엇을 위해, 이토록 달려왔을까.
성실함이 때로 배신하는 세상.

최선이 언제나 보상받지는 않는다는,
어른들의 그 씁쓸한 농담을
이제 나도, 조금은 알 것 같다.

오늘 아침, 나는
아무도 알아주지 않는 이 서러움을
넥타이처럼 목에 단단히 매고,

아무 일 없다는 듯,
다시, 현관문을 나선다.

삶이 숙제처럼 느껴질 때

깨어나 보니, 칠판 가득
오늘 풀어야 할 숙제들이, 빼곡했다.
'성실한 직장인', '자상한 가장', '믿음직한 아들'의 역할.
정답은 정해져 있었고, 나는 모범답안을 써내야 했다.
삶은, 점수 매겨지는 시험지 같았다.

인생이란, 풀어야 할 숙제가 아니라
그저, 살아내야 할, 시간이라는 것을
우리는, 너무, 자주, 잊는다.
정답을 맞히는 것보다,
오답 속에서, 길을 찾는 것이 더 중요하다는 것을.

그래서 나는, 저녁이 오면

빼곡히 적힌 숙제장을, 잠시, 덮어둔다.

그리고, 창밖의,

아무런 정답도 없는, 붉은 노을을 본다.

저 노을은, 나에게, 어떤 점수도 매기지 않으므로.

나는 오늘 밤,

성실한 학생이 아니라

그저, 저물어가는, 하나의 풍경이 되기로 한다.

꽃이 아름답게 보이지 않던 날

세상은 잘못한 것이 없었다.
그날따라 하늘은 더 파랗고,
이름 모를 꽃들은 길가에 흐드러졌다.
아이들은 까르르, 웃음소리를 세상에 뿌렸다.
모든 것이, 제자리에서 반짝였다.

그런데 나는, 아무것도 볼 수 없었다.
아름다운 것들이, 아름답지 않았다.
파란 하늘은 텅 빈 허공이었고
꽃잎은 그저 색 바랜 종이 같았다.
맑은 웃음소리는 먼 곳의 소음처럼,
내 마음에 닿지 못하고 부서졌다.

세상이 고장 난 게 아니라
세상을 보는 내 마음의 창이,
흐려져 있었음을.
마음이 먼저, 앓아누웠기 때문이었음을.

그날 나는, 창문을 닫았다.
두꺼운 커튼을 쳤다.

세상이 눈부시게 아름답다는 사실이
때로는, 견딜 수 없는 폭력이었다.

어른에게도 어른이 필요하다

모두가 나에게 길을 물었다.
나는 정답을 아는 사람이어야 했고,
언제나 든든한 방파제이거나, 지붕이어야 했다.
가장의 무게와, 대표의 직함과,
아버지라는 이름 뒤에 숨어
나도 가끔은, 길을 잃는다는 것을 아무에게도 말하지 못했다.

넘어지면, 스스로 일어서야 했고
울고 싶으면, 혼자서 소리 죽여 울어야 했다.
괜찮냐고 물어봐 주는 사람 대신
괜찮다고 말해줘야 할 사람들만 가득했다.
어깨를 내어주기만 했을 뿐,
기대보는 법은, 잊어버린 지 오래였다.

간절히, 어른이 필요했다.
그저 내 이야기를 들어주고,
정답 대신, 따뜻한 침묵을 나눠주고,
다 안다는 듯, 지친 등을 한번 토닥여줄,
그런 어른이 내게도, 필요했다.

늦은 밤, 길 잃은 내 안의 아이를 위해
오늘은 내가, 나의 어른이 되어주기로 한다.
따뜻한 찻잔을 내밀며,
다 괜찮다고, 정말, 다 괜찮다고,
스스로의 어깨를, 가만히 감싸 안는다.

행복이 되려 불안한 밤에는

모든 것이 좋았다.
아이들은 건강하게 잠들었고,
아내의 얼굴엔 그늘이 없었다.
어지럽던 세상의 소음도, 오늘은 잠잠했다.
행복이라는 이름의, 얇고 투명한 막이
온 집 안을, 감싸고 있는 듯했다.

그런데 나는, 문득, 불안해졌다.
이 고요가, 곧 깨어질 것만 같아서.
이 행복의 무게만큼, 불행이 찾아올 것만 같아서.
행복에 익숙하지 않은 마음은
가장 빛나는 순간에,
다가올 어둠을 먼저, 걱정하므로.

나는, 내 안의 불안을, 가만히 들여다본다.

오랜 상처가 남긴, 희미한 흉터구나.

괜찮다, 너도 여기까지 오느라, 참 애썼구나.

나는, 불안의 뺨을, 가만히, 어루만져준다.

그리고는, 다시, 곁에 있는 행복의 손을 잡는다.

불안과 행복, 그 둘을,

나란히, 양옆에 앉히고

나는, 이 고요한 밤의, 주인이 된다.

책임감도 재능이라는 말의 무게

"자넨 책임감이 강해서 좋아.
그것도 재능이야."

어른이 되어 처음 들었던 칭찬이었다.
그 말을 부적처럼 품고 살았다.
칭찬이었지만,
내 어깨에는 돌 하나가 더 얹혔고
내 잠 속에는 내가 아닌 사람들이 들어와 살았다.

책임감이라는 재능은,
날개가 아니라 갑옷이었다.
벗을 수도, 잠시 내려놓을 수도 없어서
그 무게로 버티는 것이 유일한 재주가 되었다.

가끔은 모든 것을 내려놓고 싶었다.
재능 없는 사람처럼
그저, 가볍고 싶었다.

늦은 밤, 텅 빈 사무실을 나와
집으로 향하는 길.

그 무거운 갑옷을 겨우 끌고 현관에 들어서면,
아이는 제 몸보다 큰 이불을 걷어찬 채
새근새근, 잠들어 있다.

그 작은 배 위로
이불을 다시 덮어줄 때,
나는 내 재능의 쓸모를 겨우, 알 것 같았다.

왜 우리의 최선은 90%가 아니라 110%여야 하는가

나의 100%는,
내 모든 것을 남김없이 쏟아붓는 일이었다.
심장을 꺼내 보여주는 일이었고,
마지막 남은 한 방울까지 짜내는 진심이었다.
거기까지가, 내가 가진 전부였다.

그런데 세상은, 언제나 110%를 원했다.
없는 힘을 더 내라고.
영혼까지 끌어모아 증명하라고.
110%의 세상에서, 나머지 10%는
언제나 나의 내일과, 나의 가족과,
나의 저녁에게서 빌려온 빚이었다.

90%의 삶을 상상해 본다.

조금은 서툴고, 약간은 부족해도

서둘러 채우지 않고 그냥 내버려 두는 여유.

남겨둔 10%의 힘으로

잊고 있던 하늘을 올려다보고

아이의 농담에 한 번 더 웃어주는,

그런 오후를 갖고 싶었다.

그래서 오늘, 나는

딱 90%까지만 살기로 한다.

내일의 나에게 빚을 지지 않기로 한다.

남겨둔 10%의 시간으로,

나는, 집으로 가는 길의 저녁노을을 사서

아내에게 선물하기로 한다.

기분이 성격이 되지 않도록

어떤 날은, 마음속에
먹구름이 몰려오고, 예고 없이, 소나기가 쏟아진다.
세상은 온통 잿빛이고,
모든 말들은 가시를 품고 날아와 박힌다.
이 우울한 기분이, 진짜 내 모습 같아서
나는, 그 비를 온몸으로 맞으며, 흠뻑 젖어가곤 했다.

하지만 이제 나는 안다.
기분은, 잠시, 머물다 가는 손님일 뿐
내가, 기꺼이, 방을 내어주지 않는 한
결코, 이 집의, 주인이 될 수는 없다는 것을.
성격이란,
수많은 기분들 속에서도, 내가 지켜낸, 태도의 문제라는 것을.

오늘 오후,

또다시, 먹구름 같은 기분 하나가 내게로 몰려온다.

나는, 서둘러, 마음의 우산을 편다.

이 비는, 곧, 지나갈 것을 알기에

더 이상, 흠뻑, 젖지 않기로 한다.

나는, 비를 맞는 사람이 아니라,

잠시, 처마 밑에서,

비가 그치기를, 기다릴 줄 아는 사람이므로.

그만두는 것도, 그만두지 않는 것도 용기였다

사표를 던지고, 낡은 책상을 정리하던
그 친구의 뒷모습을 기억한다.
모두가 무모하다고 수군거렸지만,
나는 보았다.
익숙한 모든 것을 버리고,
안개 낀 미지의 바다로, 제 한 몸을 던져 넣는
뱃사람의, 서늘한, 용기를.

힘들지 않냐는 내 물음에
"사는 게 다 그렇지" 웃어넘기며,
매일 아침, 같은 시간에, 같은 자리에 앉는
저 묵묵한 동료의 어깨를 본다.
모두가 희망이 없다고 말하는 이곳에서,

스스로 등대가 되어, 자리를 지키는
등대지기의, 고독한, 용기를.

떠나는 것은, 모든 것을 버리고, 미지를 향하는 용기였고
남는 것은, 모든 것을 견디며, 오늘을 지켜내는 용기였다.
어느 쪽이 더 무거운 용기였는지,
어느 길이 더 옳은 길이었는지,

나는, 감히, 저울질하지 않는다.

나는 그저,
떠나는 자의 마지막 악수와
남는 자의 첫 번째 한숨을,
똑같은 무게로, 기억할 뿐이다.

번아웃, 엔진이 꺼진 게 아니라 잠시 쉬는 것

어느 날, 길 위에서, 모든 것이 멈췄다.
아무리 액셀을 밟아도, 차는 나아가지 않았다.
계기판의 모든 불은 꺼졌고, 라디오에선 침묵이 흘렀다.
고장 났구나.
이제, 모든 것이 끝났구나.
나는, 핸들 위에 고개를 묻었다.

한참을 그러고 있었을까.
창밖으로, 내가 지나쳐 온 풍경들이 보였다.
나는, 보닛을 열어보거나
재촉하며, 키를, 다시 돌리지 않는다.
그저, 길가에, 주저앉아
과열된, 내 삶이, 식어가는 소리를, 가만히, 듣는다.

엔진은, 꺼진 게 아니라
더 멀리 가기 위해,
잠시, 숨을, 고르고 있을 뿐.
고장이 아니라, 휴식이라는 것을.
서두르지 말라는, 세상의 다정한 신호라는 것을.

나는, 시동이 다시 걸릴 그 시간을,
조급해하지 않고, 기다려보기로 한다.
길가에 핀 들꽃과,
이름 모를 새소리와,
그리고, 잠시 모든 것을 멈춘,
나 자신과, 함께.

괜찮다는 말에 굳은살이 박였다

괜찮냐는 안부 인사에,
나는 언제나, 괜찮다고 대답했다.
정말 괜찮은 날보다, 괜찮지 않은 날이 더 많았지만
괜찮다고 말하는 것이, 어른의 예의라고 믿었다.

'괜찮다'는 말은, 편리한 가면이었다.
내 안의 소년이 울고 있는 소리를, 감쪽같이, 가려주었다.
하지만 가면을 너무 오래 쓰면, 피부가 되는 법.
내 마음 가장 얕은 곳에,
감정을 느끼지 못하는, 딱딱한, 굳은살이 박였다.

기쁜데, 온전히 웃을 수 없었고
슬픈데, 뜨거운 눈물이 흐르지 않았다.

나는, 굳은살이라는 감옥에, 나를 스스로 가두고 있었다.

오늘, 나는
이 지긋지긋한 굳은살을, 칼로, 도려낸다.
피가 흐르고, 쓰라린 맨살이 드러난다.
그리고, 오십 년 만에 처음으로, 나에게, 솔직하게 대답한다.

"아니, 나, 사실, 하나도 괜찮지 않아."

감정에도 유통기한이 있다면

서랍 깊숙한 곳,
유통기한 지난 약처럼,
제때, 버리지 못한, 묵은 감정들이 있다.
'미안하다'는 말, '고마웠다'는 말,
'사실은, 나도, 아팠다'는 말.
때를 놓친 말들은, 마음속에서, 독이 되어갔다.

감정에도 유통기한이 있었다.
제때, 흘려보내지 못한 감정은
안에서부터, 천천히, 곪아 터지는 법.
나는, 상한 음식을 먹고, 밤새, 배를 앓는 아이처럼
오래전 감정의 복통에, 시달리곤 했다.

더 늦기 전에,
마음의 서랍을 열고,
유통기한 지난 감정들을, 하나씩, 꺼내 본다.
먼지를 털고, 햇볕에 말려,
이제는, 정말, 작별을 고한다.

비워진 서랍 안이, 시원하다.

이제, 나는
오늘 받은 마음은, 오늘, 전하기로 한다.
내일이면, 상해버릴지도 모르니까.

내가 삶에서 받은 패, 다시 섞을 수는 없지만

내가 처음 손에 쥔 패는,
그다지, 좋은 패가 아니었다.
누군가는 탄탄대로를 손에 쥐고 시작할 때,
내 손에는, 막다른 골목과, 젖은 길이, 더 많았다.
패를 나눠준 세상을 원망했고,
다른 이의 좋은 패를, 밤새, 부러워했다.

오랜 시간이 지나고 나서야 알았다.
가장 중요한 것은, 처음 손에 쥔 패가 아니라
그 패를, 어떻게, 읽어내고, 운영하는가였다.
다시 섞을 수는 없지만,
어떤 순서로, 어떤 표정으로 내려놓을지는,
온전히, 나의 몫이었다.

나는, 내가 가진, 최악의 패 한 장을,
가장 먼저, 바닥에, 내려놓았다.
'아버지의 부재'라는, 그 낡고 구겨진 패.
그 패를 내려놓고 나니,
비로소, 남은 패들이, 보이기 시작했다.

나는, 이 좋지 않은 패로,
기꺼이, 나의 집을, 지을 것이다.
조금, 삐걱거리고, 조금, 초라할지라도
세상에 단 하나뿐인, 나의 집을.

살아남았다는 건 강하다는 증거

화려하게, 이겨본 적은, 많지 않았다.
세상의 중심에서, 박수받은 기억도, 드물었다.
나의 생은, 대부분,
싸움터의 주인공이 아니라,
포화 속에서, 겨우, 엎드려 있던, 이름 없는 병사였다.

살아남기 위해, 비겁해야 했고
상처 입지 않기 위해, 스스로를, 자주, 숨겼다.
나는, 내가, 늘, 약하다고 생각했다.

그런데 어느 날, 폐허가 된 전쟁터에
나, 혼자, 서 있었다.
화려했던 영웅들은 모두 사라지고,

쓰러지지 않았던, 나만이, 남아 있었다.
그때, 알았다.

가장 강하다는 것은,
화려하게 이기는 것이 아니라
그저, 끝까지, 살아남는 것이라는 것을.
버티고, 견디고, 마침내, 여기에, 서 있다는 것.

그것이, 내 삶의, 가장 눈부신, 증거였다.

슬픔을 의자 삼아 잠시 앉다

젊은 날에는, 슬픔이 두려웠다.
초인종 소리 없이 들이닥치는 불청객 같아서
문을 걸어 잠그고, 없는 척, 숨을 죽였다.
어떻게든 쫓아내려 애를 쓸수록
슬픔은, 더 오래, 내 안에 머물렀다.

이제 나는, 그를 위해 기꺼이, 문을 열어준다.
슬픔은, 내가 싸워야 할 적이 아니라
잠시, 함께, 침묵을 견뎌주는
말 없는, 동반자라는 것을 알기에.

그가 오면, 나는, 슬픔을 의자 삼아 잠시 앉는다.
불편하고 서늘하지만,

이상하게도, 가장 정직한 의자다.

그 의자에 앉아서야 비로소
나는, 나의 가장 깊은 곳과 마주 본다.
애써 외면했던 상처와,
잊고 싶었던 얼굴들을, 비로소 마주 본다.

"이제 끝났다"고 생각한 곳에서 다시 씨앗을 심는다

모든 것이 끝났다고 생각했다.
하늘은 잿빛이었고, 땅은 굳어 있었다.
마음은, 불길이 휩쓸고 지나간
검은 폐허와 같았다.
어떤 꽃도, 다시는 피어나지 않을 것 같았다.

그런데 그 잿더미 속에서
아주 작은, 씨앗 하나를 발견했다.
누가 두고 갔는지, 언제부터 있었는지 모를,
온기 하나 없는, 초라한 씨앗.

버려둘 수도 있었지만,
나는, 그러고 싶지 않았다.

무릎을 꿇고, 맨손으로 굳은 땅을 팠다.
손톱 밑에 흙이 박히고, 손바닥이 까졌다.
모두가 헛된 일이라 말할지라도,
나는, 이 작은 희망 하나를 심기로 했다.

내일 당장, 싹이 틀 리 없다는 것을 알면서도.
싹이 틀지, 다시 얼어 죽을지

아무것도, 나는 알 수 없었다.

그저, 나는
오늘, 씨앗 하나를 심었을 뿐이다.
그것만으로도,
오늘은, 살아야 할 이유가 되었다.

제2부

나에게 조금 더
다정해지기로 했다

세상 모두에게 친절했지만, 정작 자신에게는 단 한 번도 다정하지 못했던 당신에게. 이제, 타인의 시선에서 로그아웃하고, 내 안의 울고 있던 소년과 화해할 시간입니다. 가장 먼저, 나를 안아주는 법을 연습하는 문장들 속에서, 당신이 세상에서 가장 귀한 존재임을, 다시, 발견하게 되기를.

선을 자꾸 넘는 사람에게 선 긋는 법

나의 친절을
자신의 권리라 생각하는 사람이 있었다.
나의 미소를
넘어와도 좋다는 허락이라 믿는 사람이 있었다.

나는 그저, 좋은 사람이 되고 싶었을 뿐인데,
마음의 문턱이 닳아 없어지도록
나는 속으로만, 수백 번의 못을 박았다.
웃는 얼굴 뒤에서 마음은 멍들고 있었다.

그러다 깨달았다.
나를 지키지 못하는 친절은,
친절이 아니라 소진일 뿐이었다.

존중이란, 서로의 문을 함부로 열지 않는 것에서
시작된다는 것을.

그래서 나는,
내 앞에 작은 선을 하나 그었다.
"여기까지요."
그 말을 하는 데 꼬박 오십 년이 걸렸다.

세상에서 가장 어렵고, 가장 단호한 한마디.

선을 그은 뒤 우리 사이엔
서먹한 바람이 잠시, 불었다.
괜찮다.
그 바람 끝에, 나는 처음으로 나를 지켰으니.

내게 친절하지 않은 사람에게 친절하지 않을 용기

나는 오랫동안,
모두에게, 좋은 사람이 되려 애썼다.
내게 가시를 던지는 사람에게, 나는 꽃을 건넸고
나를 향해 벽을 세우는 사람에게, 나는 문을 열어주었다.
그것이, 어른스러운 것이라 믿었다.
상처받는 것은, 언제나 나의 몫이었다.

나의 친절은, 마르지 않는 샘이 아니었다.
함부로 돌을 던지는 이에게는
기꺼이, 뚜껑을 닫을 줄도 알아야 했다.
나를 지키지 못하는 친절은,
상대를 위한 배려가 아니라, 나를 향한 폭력일 뿐이었다.

오늘, 누군가 나에게

익숙한 모양의, 뾰족한 돌멩이를 던졌다.

예전의 나라면,

'나는 괜찮다'는 바보 같은 미소를 지으며

그 돌멩이를, 억지로, 주워 담았을 것이다.

나는, 아무 표정 없이, 그를 바라보았다.

그리고, 돌아섰다.

내 안의 샘물을, 더는, 낭비하지 않기로 했으므로.

그것은, 내가, 상처 입은 나에게 보여주는

가장 최소한의, 예의였다.

주눅 들 만큼 겸손하지는 않기로 했다

나는, 고개 숙인 벼처럼
속이 찰수록, 더욱 겸손해야 한다고 배웠다.
칭찬 앞에서는 손사래를 쳤고,
나의 공(功)을 애써 남에게 돌렸다.
그것이 어른의 미덕이라 믿었다.

하지만, 고개를 너무 숙인 벼는
결국, 땅에 쓰러져 썩어버린다는 것을,
나는, 너무 늦게 알았다.
지나친 겸손은, 나를 지우는 칼이 되었고
스스로를 깎아내리는, 서툰 자해가 되었다.

나는, 벼가 아니라, 나무가 되기로 했다.

하늘을 향해, 묵묵히, 나의 가지를 뻗되
그늘이 필요한 이에게는, 기꺼이, 자리를 내어주는.
뿌리는 누구보다 깊게, 그러나 자세는 언제나 곧게.
그것이 내가 찾은, 진짜 어른의 겸손이었다.

오늘, 누군가 나를 칭찬할 때
나는, 어색하게 웃으며 뒷걸음치는 대신

그의 눈을 보고, 한번, 웃어주었다.
"고맙습니다."
그 한마디를 하는데,
내 생의 절반이, 걸렸다.

남의 시선에서 로그아웃합니다

평생을, 로그인 상태로 살았다.
타인의 시선이라는, 거대한 광장.
나의 모든 행동은 '좋아요'를 받기 위한 게시물이었고,
사람들의 평가는 나의 가치를 매기는 댓글이었다.
나는, 나에게조차, 보여주기 위한 삶을 살았다.

타인의 '좋아요'가 나의 가치가 될 수 없음을,
세상의 '싫어요'가 나의 실패가 될 수 없음을.
나는, 그 길고 긴 이용 약관에,
이제야, 동의하지 않기로 했다.

비밀번호를 누르고, 엔터를 친다.
'로그아웃하시겠습니까?'

나는, 내 생의 가장 후련한 클릭을 한다.
세상의 모든 계정에서, 나는, 탈퇴한다.

나는 오늘,
누구의 시선도 없는, 나만의 골목길을 걷는다.
조금은 구겨진 셔츠, 짝짝이 양말.
어떤가, 아무도 나를 보지 못하지만,

나는,
처음으로, 온전한, 나를 본다.

'돌아이'로 살아도 괜찮다는 위로

모두가 한 방향으로 달려갈 때
나 혼자, 잠시 멈춰 하늘을 보았다.
모두가 더 높은 곳의 의자를 탐할 때
나는 내 책상 위 작은 화분에 물을 주었다.
사람들은 나를 보며, 조금 이상하다고 했다.

그럴지도 모른다. 나는 길을 잘못 든 것일지도.
세상의 정답지에서 비켜서 있는 나는
틀린 게 아니라,
그냥, 다른 문제를 풀고 있었을 뿐.
남들이 보지 못하는 풍경을 보기 위해
기꺼이, 낯선 길로 접어들었을 뿐.

'돌아이'라는 훈장은,
세상의 모든 '정상인'들에게서 벗어나
비로소, 나다워질 수 있는 자유이용권이었다.
더 이상 남의 시선에 나를 맞출 필요가 없다는,
고요하고도 짜릿한 해방 선언이었다.

점심시간, 동료들은 주식 창을 들여다볼 때

나는, 창밖의 구름을 본다.
정해진 길도 없이, 제멋대로 흘러가는 저 하얀 녀석.
꼭 나를 닮았구나.
피식, 웃음이 터진다. 그래, 이것으로 되었다.

너무 잘하려다 아무것도 시작하지 못했다

가장 완벽한 문장이 오기를 기다렸다.
가장 완벽한 순간이 오기를 기다렸다.
내 인생이라는 캔버스 위에,
단 하나의 실수도, 흠집도 남기고 싶지 않아서,
나는, 첫 붓을 들지 못하고, 오랫동안 망설였다.
하얀 캔버스는, 그렇게, 늙어갔다.

세상 모든 것의 시작은,
원래, 서툴고, 어설픈 법이라고.
완벽함은, 완벽하게 아무것도 하지 않는 것의,
다른 이름일 뿐이라고.
나는 그 당연한 사실을, 너무 늦게 깨달았다.

첫 걸음마는, 언제나 비틀거리는 법이고
첫사랑은, 늘 엉망으로 끝나는 법이다.
그럼에도 불구하고, 우리는 걸어야 하고,
다시, 사랑을 해야만 한다.
완벽해서가 아니라, 불완전하기에, 우리는 시작해야 한다.

나는 오늘,

완벽한 항해 지도를 기다리다,
항구에서, 썩어가던, 낡은 배 한 척을
다시, 바다로 띄운다.
삐걱거리고, 볼품없어도 좋다.
일단, 노를 젓기로 한다.
완벽한 출발이 아니라,
그냥, 출발을 하기로, 한다.

쪽팔림은 나의 오랜 스승이었다

자다가도 벌떡, 이불을 걷어차게 만들던
몇 개의, 얼굴 화끈거리는 기억이 있다.
쥐구멍에라도 숨고 싶었던, 서툴렀던 고백.
모두의 앞에서, 바닥으로 곤두박질쳤던 실수.
그 밤들이 지나면, 나는, 그 기억들을
마음 가장 깊은 곳에, 자물쇠를 채워 가두곤 했다.

그런데 돌아보니,
나의 교만은, 언제나, 나의 쪽팔림에게,
회초리를, 맞고 나서야, 겸손을 배웠다.
나의 섣부른 확신은,
와장창, 깨지고, 얼굴을 붉히고 나서야,
비로소, 지혜가 되었다.

쪽팔림은,

내가 얼마나 보잘것없는 존재인지를 알려주었고,

다른 이의 실수 앞에서, 너그러워지는 법을 가르쳐주었다.

가장 아픈 그 기억들이,

내 인생의 가장, 다정한 스승이었다.

오늘 밤, 이불 속에서

또다시, 십 년 전의 그 녀석이, 불쑥, 찾아왔다.

나는 이제, 머리를 쥐어뜯는 대신

그 어깨를, 빙그레, 툭, 쳐준다.

왔냐,

덕분에 내가, 사람이 되었다.

무례한 사람들은 자신을 솔직하다고 말했다

그들은 늘, '솔직함'이라는 방패 뒤에 숨었다.
"다 너 잘되라고 하는 소리야."
"나는 뒤끝 없는 사람이라, 마음에 없는 말은 못 해."
그들이 던진 말의 파편에, 내 마음은 생채기가 났지만
그들은, 좋은 약을 건넸다는 듯, 의기양양했다.

나는 오랫동안, 분별하지 못했다.
진정한 솔직함은, 상대를 살리려는 '메스'와 같고
무례함은, 자신을 과시하려는 '비수'와 같아서,
그 둘은, 결코, 같은 칼이 아니라는 것을.
메스를 든 손은, 신중하고, 떨리지만
비수를 든 손에는, 망설임이 없다.

이제 나는,

'나는 솔직할 뿐이야'라며, 누군가 내게 칼날을 겨눌 때

더 이상, 기꺼이, 찔려주지 않는다.

당신의 그 '솔직함'이,

나를 위한 약이 아니라, 당신을 위한 독은 아닌지,

나는, 가만히, 그의 눈을 들여다본다.

나의 상처는,

내가, 허락한 사람에게만,

자리를, 내어줄 수 있으므로.

내 안의 소년에게 말을 거는 법

내 마음 가장 깊은 구석,
먼지 쌓인 다락방에,
울고 있는 소년이 하나 살았다.
나는 너무 바쁘다는 핑계로,
너무 어른이 되었다는 이유로,
그 소년을, 오랫동안, 모른 척했다.

어느 날, 큰맘 먹고 그에게 말을 걸었다.
"이제 괜찮아, 다 지난 일이야."
어른의 논리로, 성급한 위로를 건넸다.
소년은, 울음을 그치지 않았다.
내 말은, 닿지 않는 메아리일 뿐이었다.

그때 알았다.

'괜찮다'는 어른의 섣부른 위로 대신

'무서웠겠다'는, 아이의 눈높이에서,

그의 슬픔을, 먼저, 읽어주는 것.

정답을 알려주는 대신,

손을 잡고, 함께 길을 잃어주는 것.

그것이, 내 안의 소년에게 말을 거는 유일한 법이었다.

나는, 울고 있는 소년의 옆에

가만히, 쪼그려 앉는다.

아무 말 없이,

작은 등을, 가만히, 쓸어준다.

'나는 이제, 네 편이다'라는, 세상 가장 조용한 약속으로.

아주 오랜 시간이 지나,

소년이, 고개를 들어, 나를 본다.

희미하게, 웃는다.

나에게 밥 한 끼 차려주지 못한 날

가족을 위해, 밥을 짓고 국을 끓였다.
직원들을 위해, 술을 사고 밥을 샀다.
나는, 내가 아닌 다른 이들의 배를 채우는 일이
내 삶의 가장 큰 의무라고 믿었다.
정작, 내 속은,
언제나, 허기져 있었다.

끼니를 거르는 일이, 자랑인 줄 알았다.
바쁘다는 핑계로, 빈속에 커피를 들이붓고
밤늦은 귀갓길, 편의점에서 삼각김밥으로
하루를, 때우던 날들.

나는 세상에서 가장, 불성실한 손님이었다.

'나'라는 이름의, 이 귀한 손님을.
가장 따뜻한 밥을 차려줘야 할 사람은,
다른 누구도 아닌, 바로 나였음을.
가장 먼저, 안부를 물었어야 할 사람은,
언제나 곁에 있던, 나 자신이었음을.
나는, 너무 늦게, 알아차렸다.

오늘 저녁, 나는
세상 모든 약속을 뒤로하고,
나를 위해, 쌀을 씻는다.
보글보글, 찌개가 끓는 소리.

이것은,
내가 나에게 건네는,
세상에서 가장, 오래 걸린, 저녁 식사 초대다.

필름을 되감는 시간

문득, 내가 누구인지 희미해질 때가 있다.
세상의 소음 속에서 길을 잃고
마음이 허공처럼 텅 비어버린 저녁.
나는 낡은 서랍을 열어
가장 오래된 나를, 꺼내 본다.

빛바랜 사진 한 장.
나는 필름을 되감아,
내 이야기의 가장 첫 장면으로 돌아간다.

사진 속에는, 겁 없이 웃던 내가 있다.
상처받을 줄도 모르고, 세상을 다 가질 수 있다 믿었던
어리고 서툰, 풋내 나는 얼굴.

나는 그 얼굴을 향해,
잊었던 장면들을 나직이, 중얼거려본다.
그랬었지, 그때 우린 그랬었지.

가장 오래된 내가,
가장 지쳐있는 나에게,
길을 알려주러 오는 시간.

사진 위로, 따뜻한 온기가 피어오른다.

괜찮다.
너는 길을 잃은 게 아니라,
가장 빛나던 너를, 잠시 잊었을 뿐이라고.
사진 속의 내가, 오늘의 나에게
가만히, 말을 건넨다.

조명이 꺼진 자리

파티가 끝나고, 마지막 손님이 떠난 뒤
벚꽃이 모두 져버린 텅 빈 길 위에서
무대의 막이 내리고, 객석의 불이 꺼진 뒤에야
나는 비로소, 나를 만난다.

거울 속에는, 낯선 사내 하나가 서 있다.
화려한 화장을 지워낸 민낯,
환호가 떠나간 자리에 내려앉은 침묵,
그 모든 적막을 온몸으로 끌어안고 있는 남자.
나는 오랫동안, 이 사내를 외면했다.

환호하던 나와, 침묵하던 나.
그 둘이 비로소, 내 안에서 화해하는 시간.

가장 빛나던 순간뿐 아니라

가장 어둡던 순간까지도, 모두 나였음을.

이 당연한 사실을 인정하기까지, 참 오래 걸렸다.

이제 슬픔이 찾아오면, 문을 열어주기로 한다.

애써 웃지 않고, 쫓아내지도 않으리라.

그저 내 곁에 앉혀

따뜻한 차 한 잔을 나눠주기로 한다.

거울 속, 지쳐있던 사내에게

나는 처음으로, 작은 미소와 함께

낮은 목소리로, 인사를 건넨다.

"안녕." 하고.

내가 가장 만나고 싶던 사람, 나였다

나는 평생, 누군가를 찾아다녔다.
나를 온전히 이해해줄 한 사람,
내 모든 흠집을 껴안아 줄 넓은 품,
길 잃은 나를 구원해줄 현자.
세상 어딘가에 있을 그를 찾아, 쉼 없이 헤맸다.

어떤 이름들은 희미해졌고
어떤 기대들은 재가 되었다.
지쳐 돌아온 길의 끝,
텅 빈 방에는 나 혼자였다.

세상 끝까지 찾아 헤매던 그 사람이
단 한 번도, 내 곁을 떠난 적 없었음을, 나는 그때 알았다.

내가 가장 만나고 싶던 사람, 나였다.
비겁했던 나, 어리석었던 나,
상처투성이인 채 길 위에서 울던 나.
그 모든 나를, 내가 만나주지 않았을 뿐.
가장 먼저, 손 내밀어주지 않았을 뿐.

늦은 밤, 거울 앞에 선다.

그 안에, 내가 평생을 찾아 헤매던 사람이 서 있다.
나는 거울 속 흠집투성이 사내에게
아주 서툴고, 오래 걸린 악수를 청한다.

반갑다.
이제라도, 너를 만나 다행이다.

나는 내가 생각보다 괜찮은 사람입니다

늘 부족하다고 생각했다.
어설픈 농담과 너무 무거운 침묵 사이에서
언제나 길을 잃었고,
지나온 길은 후회라는 발자국으로 가득했다.
내 안의 재판관은
단 한 번도 나에게 무죄를 선고한 적이 없었다.

그런데 문득, 돌아보니
상처 준 기억만 꺼내 곱씹던 밤에도
나는 누군가에게, 따뜻한 밥 한 그릇이었구나.
세상의 모든 짐을 진 듯 걷던 날에도
내 웃음소리에, 아이는 따라 웃었구나.

완벽한 적은 한 번도 없었지만
최선을 다하지 않은 날도 없었다.
수없이 비틀거렸지만
단 한 번도, 가야 할 길을 포기한 적은 없었다.
나는 왜, 이 사실을 나에게만 알려주지 않았을까.

늦은 밤, 창에 비친 사내를 본다.

자랑할 것 하나 없는 흠집투성이 얼굴.
그래도 꽤 오래, 잘 버텨온 얼굴.
나는 내가 생각보다,
조금은, 괜찮은 사람입니다.

오늘 밤은, 이 문장만 밑줄 긋고 잠들기로 한다.

열등감이라는 낡은 안경

나는 평생,
남들이 보는 세상이 궁금했다.
유독, 그들의 하늘만 더 파랗고
그들의 웃음소리만 더 커 보이는 것이, 이상했다.
나의 세상은 언제나,
한 톤 낮은, 잿빛 세상이었다.

어느 날 문득, 거울을 보고 알았다.
내 눈에, '열등감'이라는, 낡은 안경이
씌워져 있었다는 것을.
세상을 있는 그대로 보지 못하고,
나를 끊임없이 남과 비교하게 만들던,
그 흐릿하고, 굴절된, 렌즈.

나는, 그 안경을, 벗어 던졌다.

안경 없는 맨눈으로, 세상을 다시 보았다.

세상은 여전히, 그대로였다.

누군가는 빛나고, 누군가는 그늘져 있었다.

하지만, 적어도,

남의 빛 때문에, 내 그림자가 더 짙다고,

그렇게, 어리석게, 생각하지는 않게 되었다.

나는 이제,

나의 작은 창으로, 나의 세상을 본다.

파란 날도, 잿빛인 날도, 모두 나의 하늘이다.

똑똑한 우울 대신 행복한 바보를 택했다

나는, 너무 많이 아는 병에 걸렸었다.
모든 시작의 끝을 미리 가늠했고,
모든 웃음 뒤에 숨겨진 슬픔의 확률을 계산했다.
나의 똑똑함은,
언제나, 행복보다 한발 먼저 앞서 나갔고
결국, 아무것도, 온전히, 즐길 수 없게 만들었다.

똑똑해서, 늘 불행했던 날들보다
조금은 바보 같아도, 지금 웃을 수 있는
오늘이, 더 낫다는 것을.
세상의 모든 이치를 아는 현자가 되기보다
길가에 핀 민들레 한 송이에, 감탄할 줄 아는
그런 사람이, 더 행복하다는 것을.

그래서 오늘, 나는
내 머릿속의 냉철한 비평가를, 잠시, 해고하기로 했다.
대신, 세상 물정 모르는
어수룩한 바보 하나를, 그 자리에, 새로 고용했다.

저 바보 녀석,

바람이 시원하다고, 그냥, 웃는다.
오늘 하루는,
저 바보를, 한번, 믿어보기로 한다.

남의 인생이 아닌, 내 인생의 대본을 쓰는 중입니다

지금껏 나는, 배우였다.
세상이 정해준 배역에 충실했다.
책임감 강한 가장, 믿음직한 대표,
착한 아들이라는 이름의 가면을 쓰고
주어진 대사를, 토씨 하나 틀리지 않으려 애썼다.
박수는 받았지만, 무대 뒤에서는 늘 공허했다.

나는 더 이상, 주어진 배역을 연기하는 배우가 아니라
나의 다음 장면을 직접 쓰는, 서툰 작가이기로 했다.
누군가 써준 빛나는 결말 대신
스스로 만들어가는, 울퉁불퉁한 과정을 택하기로 했다.

내 대본에는 극적인 반전 같은 건 없다.

그저, 아침 커피 향을 음미하는 장면,
아내와 말없이, 손을 잡고 걷는 장면,
가을 햇살 아래, 잠시, 눈을 감는 장면 같은 것들.
세상 누구도 궁금해하지 않을,
오직 나만이 소중한, 그런 장면들.

흥행은 장담할 수 없고,

관객은 어쩌면, 나 하나뿐일지라도.
나는 오늘, 내 대본의 마지막 줄에
가장 쓰고 싶었던, 단 한 줄의 지문을 넣는다.

'주인공, 마침내, 웃는다.'

인생 자체는 긍정적으로, 무례함에는 단호하게

나는 법을 배우는 중이다.
아침 햇살의 눈부심에 감탄하고
갓 내린 커피 향에 감사하는 법.
아이의 서툰 농담에 온몸으로 웃어주고
아내의 잔소리에서 사랑을 찾아내는 법.
인생이라는 커다란 긍정 앞에서
고개를 끄덕이는, 그런 법들을.

그리고, 또 다른 법을 배우는 중이다.
나를 향한 무례한 언어들에
더 이상 웃어주지 않는 법.
아닌 것을 아니라고 말하는 법.
나의 선량함을 이용하려는 이들에게

굳게, 문을 닫아주는 법.
내 마음의 정원을 지키기 위해
날아드는 돌멩이를 단호하게, 쳐내는 법들을.

좋은 정원사는
꽃에 물을 주는 법과
잡초를 뽑는 법을,

둘 다 알고 있는 사람이었다.
수화기를 내려놓고,
나는, 책상 위 아이의 웃는 얼굴을 본다.
내가 단호해져야 하는 이유는
언제나, 저렇게 따뜻한 곳에 있었다.

가장 어려운 공부

나는 내가, 꽤 다정한 사람인 줄 알았다.
함께 웃고, 함께 울어주면
그것이 공감의 전부라고 믿었다.
"다 안다"고 쉽게 말했지만,
나는 자주, 당신의 문 앞에서 서성였다.

어느 날 문득 깨달았다.
공감은, 가슴으로 함께 우는 것이 아니라
머리로, 그의 신발을 신고,
그가 걸어온 자갈길을, 함께, 끝까지 걸어보는 것이었다.
그의 상처가 왜 하필 그 자리에 생겼는지,
그의 말이 왜 저렇게 굳은살이 박였는지,
그의 역사를, 이해하려는, 지난한 노력이라는 것을.

공감에도, 지능이 필요했다.

나의 언어를 잠시 내려놓고

당신의 사투리를 배우려는, 겸손한 의지가 필요했다.

나는 오늘도

당신이라는, 세상에서 가장 어려운 책을

한 페이지, 더 읽는다.

완벽히 이해할 수는 없겠지만,

당신의 아픈 문장 옆에,

나의 밑줄을, 가만히, 그어보는 일.

그것이 내가 배운,

가장 서툴고, 가장 진심인, 공감이었다.

제3부

결국 기억에 남는 건,
따뜻한 말투였다

나 자신과 뜨겁게 화해한 사람만이, 비로소 '우리'를 따뜻하게 마주 볼 수 있습니다. 가장 가깝다는 이유로 가장 쉽게 상처를 주고받았던 날들. 사랑이라는 이름의, 서툴렀던 번역들. 함께한 밥상의 온기와 사소한 말투 하나가, 그 모든 오해를 어떻게 녹여내는지, 이 장에서, 당신과 함께, 배우고 싶습니다.

어머니의 카톡 프로필 사진이 바뀌었다

스마트폰 한구석,
작은 동그라미 안에 어머니의 세상이 있다.
오랫동안 그곳엔, 손주들의 웃음이 걸려 있었다.
어머니의 시간은 아이들의 시간을 따라 흐르는 듯했다.

오늘, 그 사진이 바뀌었다.
아이들 대신, 텅 빈 바다가 걸려 있다.
노을이 희미하게 번지는, 누구 하나 없는 저녁 바다.
어머니는, 말 대신
사진 한 장으로, 당신의 계절이 바뀌고 있음을 알려주셨다.

나는 한참을 들여다본다.
저 바다는 쓸쓸한 걸까, 평온한 걸까.

무슨 마음으로 저 풍경을 고르셨을까.
전화기 너머의 침묵보다,
저 작은 사진 한 장이 더 많은 말을 걸어왔다.

나는 끝내, '왜 바꾸셨어요' 묻지 못한다.
대신, 내 사진첩을 열어 한참을 뒤적인다.
어색하게 웃던, 몇 해 전 어머니와의 사진.

나의 동그라미 속,
텅 빈 바다 옆에, 우리가 함께 선다.
오늘 밤, 어머니는 내 프로필 사진을 보고
아주 잠시, 웃으실 것이다.

제3부 결국 기억에 남는 건, 따뜻한 말투였다

딸에게는 알려주고 싶지 않은 세상의 법칙

나는 너에게, 거짓말을 하고 싶다.
노력은 배신하지 않는다고,
세상은 네가 믿는 만큼, 아름답다고,
진심은, 언제나, 통하는 법이라고.

아빠가, 평생에 걸쳐, 온몸으로 배운
세상의 정답들을,
나는, 차마, 너에게 가르쳐줄 수가 없다.
그 모든 정답들이, 너무 아프기 때문에.

나는 네가,
'다정함은 체력에서 나온다'는 말을 몰랐으면 좋겠다.
체력이 바닥나도, 다정할 수 있는 세상에서 살았으면 좋겠다.

'선을 넘는 사람들'을 만나지 않았으면 좋겠다.
네가 내민 모든 친절이, 늘 꽃으로 돌아오는,
그런 세상에서, 너는 살았으면 좋겠다.

하지만 나는 안다.
언젠가 너는, 넘어질 것이고,

세상의 모서리에, 온몸을 긁히게 될 것이라는 것을.
그때가 오면,
나는 너에게, 정답을 알려주는 아빠가 아니라
그냥, 묵묵히, 옆에서, 같이, 울어주는 아빠가 될 것이다.

나는 오늘도, 기도한다.
네가, 이 세상의 뾰족한 법칙들을
최대한, 늦게, 배우게 되기를.

아이의 무릎이 까질 기회를 주기로 했다

아이가 처음 걸음마를 뗄 때
나는 세상의 모든 문턱을 없애고 싶었다.
모든 돌부리를 뽑아내고
바닥을 푹신한 융단으로 깔아주고 싶었다.
넘어지는 법을 배우지 않기를,
아픔 같은 건 영영 모르기를 바랐다.

아이가 자라 내가 되었을 때, 나는 보았다.
온실 속의 화초는 스스로 꽃 피우지 못한다는 것을.
가장 좋은 아버지가 되는 법은
때로, 좋은 아버지가 아니기를 각오하는 용기였다.
일어서는 법은, 넘어져 본 자만이 배울 수 있었다.

그래서 나는, 손을 놓기로 했다.

넘어지려는 너를 향해 달려가고 싶은

수만 번의 충동을, 등 뒤로 억지로 감추었다.

괜찮다, 괜찮다,

목구멍까지 차오른 그 말을 삼키는 일이

내 생의 가장 어려운 일이었다.

이제 나는 멀리서, 지켜본다.

제 힘으로 다시 일어서려는 너의 작은 등을.

흙 묻은 손으로 무릎을 짚는,

너의 단단한 첫걸음을.

너는 너의 길을, 나는 나의 응원을.

그것이 우리가 함께 걷는 법이었다.

다음 생엔 당신의 시로 태어나고 싶다

나의 시는,

상처받은 날들의 기록이었다.

목구멍에 걸린 말들을 억지로 꺼내고

흠집 난 마음에 연고를 바르던,

고독하고 치열한 노동이었다.

그런데 당신은,

온몸으로 시를 썼다.

아침 햇살에 이름표를 붙여주는 말 한마디가,

지친 내 등을 토닥이던 따뜻한 손길이,

설거지하며 흥얼대던 콧노래가,

모두, 한 편의 시가 되었다.

나의 시가, 상처의 다른 이름이었다면
당신의 모든 순간은, 사랑의 다른 이름이었다.
나는 애써서 시인이 되었지만
당신은 그냥, 시 그 자체였다.

그래서, 다음 생이 있다면
나는, 당신의 시로 태어나고 싶다.

화려한 수식어도, 깊은 은유도 아닌,
가장 소박하고 다정한 당신의 한 문장이 되어,
어느 추운 날,
세상에 지친 누군가의 어깨를
아주 잠시, 덮혀주고 싶다.

아내의 잔소리는 사랑의 다른 말이었다

젊은 날, 아내의 잔소리는
내 자유를 옥죄는 소음이었다.
"담배 좀 그만 피워."
"양말은 제발 뒤집어 놓지 말고."
"오늘도 늦으시는군."
그 모든 말들이, 나를 향한 공격이라 생각했다.

어느 날, 내가 심하게 앓던 밤
아내는 밤새 물수건을 갈아주며 말했다.
"그러게, 내가 일찍 좀 다니랬잖아."
그 퉁명스러운 목소리 속에서,
나는 처음으로, 희미한 불빛을 보았다.

'밥은 먹었냐'는 당신의 물음이
'나는 아직도 당신이 걱정된다'는 말이었음을.
'거기 가면 위험하다'는 당신의 만류가
'당신 없는 세상은 상상할 수 없다'는 말이었음을.
나는 그 서툰 사랑의 번역을, 너무 늦게 배웠다.

오늘 아침,

"또 늦잠이군요!" 하는 당신의 목소리에
나는 버릇처럼 인상을 쓰는 대신,
돌아누워, 가만히 웃어버렸다.
세상에서 가장 시끄러운 그 말이,
나에게만 들리는,
가장 조용한 사랑 고백이었으므로.

우리는 참 안 맞아서, 서로의 빈틈을 채워주었다

나는 비 오는 날을 좋아했고
당신은 해 맑은 날을 좋아했다.
나는 지난날을 자주 돌아보는 사람이었고
당신은 오늘 피어난 꽃을 더 사랑하는 사람이었다.

사람들은 말했지,
저 둘은 참 안 맞는다고.
삐걱거리는 문짝처럼,
언젠가는 부서질 거라고.
우리조차, 가끔은 그렇게 생각했다.

그런데, 세월이 지나고 보니
우리는 서로를 닮으려 애쓰는 대신

서로의 다름에, 등을 기대는 법을 배웠다.
내가 세상을 비관할 때, 당신은 나의 햇살이 되었고
당신이 너무 지쳐있을 때, 내 그림자는 그늘이 되어주었다.

우리는 딱 맞는 한 쌍의 퍼즐 조각이 아니라,
조금은 어긋나고, 모서리가 닳은
오래된 나무 의자 두 개였다.
그 어긋난 틈 사이로,
세상의 바람이 지나가고, 서로의 온기가 스며들었다.

마주 잡은 당신의 손은
나와 참, 달랐다.
그래서 내 손의 모든 빈틈을
남김없이, 채워주었다.

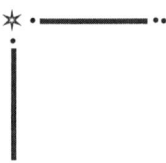

아무 일도 일어나지 않아도 괜찮은 날의 의미

"내가 맞는데 저 사람은 왜 기분 나빠할까"

나는 내가 옳았다.
이유는 차고 넘쳤고, 논리는 빈틈없었다.
말의 순서도, 사실관계도 틀린 것이 없었다.
내 주장은 단단한 성벽 같았고
나는 그 성벽 뒤에서, 조금은 의기양양했다.

그런데 당신은,
상처 입은 얼굴로 나를 보고 있었다.
나는 정답이 빼곡한 시험지를 흔들고 있는데
당신은 오답투성이인 세상에서
혼자, 비를 맞고 있었다.

그때 깨달았다.

관계라는 시험에서는

정답을 맞히는 것보다

젖은 어깨를, 함께 닦아주는 일이 먼저였다.

옳고 그름을 따지기 전에

아프고 아프지 않은지를, 먼저 물었어야 했다.

나는, 정답이 가득한 내 성벽에서 걸어 나왔다.

당신이 알아들을 수 있는,

세상 가장 서툰 언어로, 나의 첫 문장을 썼다.

"마음이, 상했구나."

사랑 언어 번역기가 필요해

나는 '수고'로 사랑을 말했고,
당신은 '시간'으로 사랑을 물었다.
나는 '결과'를 보여주는 것이 사랑이라 믿었고,
당신은 '과정'을 함께 걷는 것이 사랑이라 말했다.
우리의 언어는, 한 번도, 같았던 적이 없었다.

그래서 우리는, 자주, 오해했다.
나의 최선은, 당신에게 외로움이 되었고
당신의 진심은, 나에게 부담이 되기도 했다.
마음속에, '사랑 언어 번역기' 하나쯤 있었으면 좋겠다고,
나는, 바보처럼, 생각했다.

'산책할까?'라는 당신의 말이,

사실은 '지금 당신과 함께 있고 싶다'는 뜻이었음을.
'피곤하다'는 나의 한숨이,
실은 '오늘도 당신을 위해 애썼다'는 뜻이었음을.
우리는 그 번역을, 몸으로, 마음으로,
아주 오랜 시간에 걸쳐, 겨우, 배웠다.

나는 오늘도,

당신이라는, 세상에서 가장 아름다운 외국어를
서툴게, 더듬거리며, 공부한다.
평생, 완벽한 번역은 할 수 없을지라도
기꺼이, 오역하고, 다시 배우고, 질문하는 일,
그것이, 우리의, 사랑법이었으므로.

오래 함께하기 위해, 가끔은 혼자가 되었다

젊은 날에는, 사랑이 '하나'가 되는 것이라 믿었다.
나의 모든 시간을, 너에게, 쏟아붓고
너의 모든 슬픔을, 내가, 대신 아파하는 것.
우리는, 서로의 그림자가 되어, 한시도 떨어지지 않았다.
그러다, 서로의 그림자에, 발이 걸려, 넘어지기도 했다.

이제 우리는 안다.
건강한 사랑은, '우리'라는 이름 아래,
'나'와 '너'라는 고유한 섬을, 지켜주는 일임을.
서로의 다름을 채워주기 위해,
때로는, 각자의 방으로, 기꺼이, 물러서는 일임을.

나는, 가끔, 혼자, 낚시를 간다.

당신은, 가끔, 혼자, 찻집에 간다.
우리는, 서로의 그 빈 시간을, 캐묻지 않는다.
온전한, '나'로, 바로 서야만
비로소, 서로에게, 기댈 수 있는 '우리'가 되기 때문에.
혼자만의 시간이, 서로를 더 단단하게, 묶어준다는 것을
우리는, 이제, 믿기 때문에.

사랑받아본 적 없는 사람을 사랑하는 법

사랑받아 본 적 없는 사람은,
길가의, 상처 입은, 고양이와 같아서,
섣부른 다정함에는, 날카로운, 발톱을 세우고
따뜻한 손길 앞에서는, 가장 깊은, 구석으로 숨는다.
사랑한다는 말이, 세상에서 가장 무서운 말이다.

그 사람을 사랑한다는 것은,
그의 뾰족한 가시를, 원망하는 대신

그가, 왜, 가시를 세울 수밖에 없었는지,
그의 길고 길었을, 지난겨울을, 먼저, 생각해 보는 일.
'나는 너를 해치지 않는다'는 것을,
백 번의 말이 아니라, 천 번의 시간으로, 증명하는 일.

나는, 그저,
매일, 같은 자리에,
작은, 밥그릇 하나를, 놓아둘 뿐이다.
네가 경계를 풀 때까지,
나는, 조금, 멀리서, 기다릴 뿐이다.
언젠가, 네가,
먼저, 다가와,

나의 손등에, 젖은 뺨을, 비빌,
그 아주 먼, 봄날이 올 때까지.

존중이란, 상대의 문을 노크하는 것

사람의 마음은,
저마다의, 방 한 칸.
그 안에서 무슨 일이 일어나는지,
어떤 풍경이 펼쳐져 있는지,
문밖에서는, 아무도, 알 수 없다.

어떤 이는, 열쇠를 훔쳐 몰래 들어가려 하고
어떤 이는, 문을 부수고, 성큼, 발을 들여놓는다.
가깝다는 이유로,
사랑한다는 핑계로,
우리는 너무 쉽게, 서로의 주인이 되려 한다.

존중이란,

그저, 닫힌 문 앞에서,
아주 잠시, 멈춰 서는 것이다.
문을 활짝, 여는 것이 아니라
작은 목소리로, 노크하는 것이다.
"잠깐, 들어가도 괜찮을까."

진정한 사랑은,

상대가 대답할 때까지,
문을 열어줄 때까지,
그 문 앞에서, 가만히, 기다려주는 것이다.

가까울수록 다정해야 하는 이유

우리는, 가장 좋은 미소를
스쳐 가는 인연에, 아낌없이, 건네주었다.
가장 공손한 말투는,
가장 어려운 사람을 위해, 아껴두었다.
그리고, 가장 날카로운 말과, 가장 지친 얼굴은
가장 사랑하는 사람의 몫으로, 남겨두었다.
'가족이니까, 이해하겠지'라는,
세상에서 가장, 이기적인 위안과 함께.

세상의 모든 인연이, 썰물처럼 빠져나간 뒤에도
내 곁에, 마지막까지, 남아줄 사람은
결국, 가족뿐이라는 것을,
우리는, 너무, 자주, 잊고 산다.

가장 단단한 방패가 되어주기에,
가장 무심한 창으로, 상처 입히고 있었다.

퇴근길, 현관문 비밀번호를 누르기 전,
나는, 잠시, 걸음을 멈춘다.
세상의 먼지를 묻힌, 무거운 표정을 벗고
가장 다정한 미소 하나를, 주머니에서, 꺼내 입는다.

하루 중 가장 좋은 '나'는,
세상이 아니라,
나의 세상인 당신에게 보여줘야 하므로.

공감에도 지능이 필요했다

나는 내가 꽤 다정한 사람인 줄 알았다.
함께 웃고, 함께 울어주면
그것이 공감의 전부라고 믿었다.
"다 안다"고 쉽게 말했지만
나는 자주, 당신의 문 앞에서 서성였다.

어느 날 문득 깨달았다.
공감은, 가슴으로 함께 우는 것이 아니라
머리로, 그의 신발을 신고,
그가 걸어온 자갈길을, 함께, 끝까지 걸어보는 것이었다.
그의 상처가 왜 하필 그 자리에 생겼는지,
그의 말이 왜 저렇게 굳은살이 박였는지,
그의 역사를, 이해하려는, 지난한 노력이라는 것을.

공감에도, 지능이 필요했다.

나의 언어를 잠시 내려놓고

당신의 사투리를 배우려는, 겸손한 의지가 필요했다.

나는 오늘도

당신이라는, 세상에서 가장 어려운 책을

한 페이지, 더 읽는다.

완벽히 이해할 수는 없겠지만,

당신의 아픈 문장 옆에,

나의 밑줄을, 가만히, 그어보는 일.

그것이 내가 배운,

가장 서툴고, 가장 진심인, 공감이었다.

가족, 지더라도 웃을 수 있는 이상한 관계

세상은 언제나, 승패가 분명했다.
이긴 자는 웃고, 진 자는 등을 돌렸다.
하나를 주면, 하나를 받아야 하는 공정한 계산 속에서
우리는 언제나, 외로운 계산기였다.

그런데 가족은, 셈법이 달랐다.
열을 주고도, 하나 받은 것에 웃었고
상처를 받고도, 먼저 손을 내밀었다.
세상은 이겨야 내 편이 생기는 곳이지만
가족은, 져주어야 내 편이 되는 이상한 곳이었다.

지는 것이 이기는 것이 되는,
그런 이상한 셈을 나는 평생 배웠다.

아이에게 장난감 총을 맞고 쓰러져주는 일,
아내의 서툰 길 안내에 기꺼이 길을 잃어주는 일.
그 모든 패배의 순간,
우리 집 거실에는 웃음이 가득했다.

저녁 밥상머리,
마지막 남은 계란말이 하나를

슬쩍, 아내의 밥그릇 위에 올려놓는다.

아내는 말없이,
그 절반을 다시, 내 숟가락 위에 얹어준다.
우리의 승부는, 언제나 무승부였다.

최고의 소통은 함께 짓는 밥이다

말로 모든 것을 해결할 수 있다고 믿던 날들이 있었다.
말이 많을수록, 관계는 깊어지는 줄 알았다.
하지만 어떤 말들은 칼이 되어 서로를 할퀴었고,
어떤 침묵은 굳게 닫힌 성문이 되었다.
우리는 자주, 말의 미로 속에서 길을 잃었다.

아무 말도 하기 싫던 저녁,
당신은 나를 부엌으로 불렀다.
나는 쌀을 씻고, 당신은 채소를 다듬었다.
달그락거리는 그릇 소리,
보글보글, 찌개가 끓는 소리.
그 고요한 노동의 합창 속에서
우리의 날카로웠던 마음은, 조금씩 무뎌졌다.

우리는 말로 서로를 할퀴던 날에도
밥상 앞에서, 말없이, 서로를 용서했다.
"이거 맛있다"는 말 한마디가,
"내가 미안했다"는 말보다 더 깊은 화해였다.
따뜻한 밥 한 순갈이,
그 어떤 논리적인 위로보다 더 큰 힘이 되었다.

오늘 저녁, 우리는
아무 말도 하지 않았다.
그저, 숟가락 부딪는 소리와
김이 오르는 국그릇의 온기만이
우리 사이를, 따뜻하게 오고 갔다.
세상에서 가장 다정한 대화였다.

다정함의 체력

젊은 날에는, 마음만 있으면
무엇이든 할 수 있다고 믿었다.
사랑도, 친절도, 다정함도
모두 의지의 문제라고, 굳게 믿었다.
그래서, 지친 저녁의 날카로운 말들은
모두 나의 인격이 모자란 탓이라 자책했다.

마음의 배터리가 방전된 날에야 알았다.
온몸의 에너지를 길 위에서 다 쏟아버린 날,
아이의 작은 투정은 천근만근의 무게가 되고
아내의 다정한 질문마저 가시처럼 박혔다.
내 안의 샘이 말라버렸는데,
어찌 다른 이의 잔을 채워줄 수 있었을까.

다정함은 의지의 문제가 아니라
하루치 에너지를 어디에 먼저 쓰는가의,
현명한 분배의 문제였다.
가장 사랑하는 이에게 가장 좋은 나를 보여주려면
세상에 모든 나를, 내어주어서는 안 되는 것이었다.

오늘 저녁, 나는
남은 일을 서랍 안에 잠시, 넣어두고
조금 일찍, 현관문을 나선다.

가장 다정한 남편이자 아빠가 되기 위해
나는 먼저
고갈된 나의 체력을, 따뜻하게 안아주기로 했다.

결국 기억에 남는 건 말투다

뜨겁게 주고받았던 대화들은
대부분, 희미해졌다.
무엇 때문에 기뻐하고, 왜 그렇게 다투었는지
논리 정연했던 이유들은 세월 속에 흩어졌다.
말은, 머리에 닿아 논리가 되고
말투는, 가슴에 닿아 온도가 되었다.

내가 기억하는 것은
정확한 문장이 아니라
따뜻하거나, 혹은 차가웠던,
그때의 목소리, 그때의 온도다.

나를 일으켜 세운 것은 '힘내'라는 격려보다

내 손을 잡으며 나직이, 떨려오던 음성이었고,
나를 무너뜨린 것은 날카로운 비난보다
경멸이 실려 있던 싸늘한 눈빛과 억양이었다.

그래서 나는, 두려워진다.
언젠가 내 모든 말이 잊혔을 때
나는 내 아이들에게

어떤 온도의 사람으로 기억될까.

오늘 나는
가장 중요한 말을 하기 전에
내 말의 온도를, 먼저, 가만히 살핀다.

보고 싶다는 말의, 가장 멋진 번역법

제 눈의 보석은 못 보고
남의 손에 쥔 돌멩이만 부러워하는
바보가 하나 있다.
자기 멋짐은, 일급 기밀처럼 숨겨두고
스스로의 단점만, 탐정처럼 캐내는 녀석.

보고 싶으면, 그냥 보면 되는 것을.
'보고 싶다'는 말처럼,
이유가 더 필요 없는 이유가 세상에 어디 있나.
그런데 그 바보는, 백만 가지 핑계를 찾는다.

그래서, 가끔은, 설계가 필요하다.
"보고 싶다"는 말을 맨 앞에 두면, 상대가 부담스러우니

"오늘 날씨 좋다"로 시작하여,
"어쩌다 보니 약속 장소"로 끝나는,
아주 정교하고, 치밀한, 고급 기술.

그러니 바보야, 잘 들어.
내가 이따 '날씨 한번 죽이네' 하고 툭, 던지면
너는 그냥 '그러게나 말이다' 하고 슬쩍, 받기만 해.

우리가 '우연히' 마주치게 될,
그 완벽한 시나리오의, 나머지는 내가 다 할게.

헤어지고 싶은 사람은 없었다, 그런 관계가 있었을 뿐

우리는, 서로를, 원망했다.

네가 변했다고, 혹은 내가 모자랐다고.

우리의 사랑이 실패한 이유를,

서로의 탓으로 돌리며, 등을 졌다.

그렇게, 우리는, 나쁜 사람이 되어 헤어졌다.

수많은 계절이 지나고 나서야, 문득, 알았다.

세상에, 처음부터, 헤어지고 싶은 사람은 없었다.

다만,

두 사람이, 함께, 감당하기에는

너무, 버거웠던,

그런 '관계'가 있었을 뿐.

우리는, 나빴던 게 아니라
그저, 달랐을 뿐이다.
사랑의 속도가, 사랑의 방식이,
사랑의 온도가, 조금, 달랐을 뿐이다.
퍼즐 조각이, 서로, 맞지 않았을 뿐인데

우리는, 서로를, 억지로 깎아내려 했다.

이제 나는,
지나간 인연을, 더 이상, 원망하지 않는다.
그저, 우리가 함께 지나왔던,
서툴고, 아팠던, '관계'의 시간을,
가만히, 애도할 뿐이다.

잘 가라.
나의 사람이 아니라, 나의 한때였던, 모든 관계들아.

제4부

고요가 말을 걸어오는 저녁

치열했던 낮의 전투가 끝나고, 마침내, 고요가 말을 걸어오는 시간. 이 장에서는, 당신이 무심코 지나쳤을 평범한 순간들이, 사실은 얼마나 눈부신 선물이었는지를 함께 발견하게 될 겁니다. 아침 새소리가, 커피 한 잔의 온기가, 스쳐 가는 인연의 따뜻한 말 한마디가, 우리의 하루를 어떻게 기적처럼 구원하는지에 대하여.

다시, 반짝이는 우리의 시간

꽃이 아름답게 보이지 않던 날이 있었다.
세상의 모든 빛이, 나만 비껴가던 날들이 있었다.
터널의 어둠 속에서,
평범한 하루라는 것이 얼마나 위대한 기적인지,
나는, 뼈저리게 배웠다.

이제 나는, 다시, 살아있다.
아침에 내려 마시는 커피 한 잔이,
설거지를 하다 창밖으로 보이는 나뭇잎이,
아내의 시시한 농담에 웃음이 터지는 순간이,
모두 눈부시다.

특별한 날이 아니라,

평범한 오늘이

살아 돌아온 내가 받은 가장 큰 선물이었음을.

일상이라는 이름의, 이 사소하고도 위대한 축복을

나는 이제, 놓치지 않기로 한다.

쌀을 씻다가, 문득, 고개를 든다.

오늘의 마지막 햇살이

부엌의 작은 창을, 금빛으로 가득 채우고 있다.

그래, 이것이었다.

내가 그토록, 돌아오고 싶었던 풍경은.

낮은 숨소리에 취하는 밤

젊은 날의 행복은 소란스러웠다.
온몸으로 부딪쳐 쟁취하는 것이었고
세상을 향해 나 여기 있노라, 소리치는 것이었다.
밤하늘의 불꽃놀이처럼,
짧고 눈부시고, 반드시 관객이 필요했다.

행복은 더 이상 무언가를 증명할 필요가 없을 때,
삶의 소란이 잦아든 자리에
이끼처럼, 조용히 차오르는 것이었다.
젊음의 행복이 더하기였다면
어른의 행복은 빼기였다.

불필요한 소음과 욕심을 다 지우고 나서야

비로소, 희미하게 들려오는 것.

고요한 거실에 홀로 앉아
아직 온기가 남은 찻잔을 만지작거린다.
방 너머에서 들려오는
가족의, 고른 숨소리.

요란한 축배 대신
나는 이 낮은 숨소리에 가만히, 취한다.

고요가 말을 걸어오는 저녁

낮의 소란이 모두 떠나간 후에야
비로소, 저녁은 제 목소리를 낸다.
마지막 차가 언덕을 넘어 사라지고
휴대폰의 푸른 불빛도 잠이 들었을 때,

세상의 모든 소리가 멎고 나서야
들리기 시작하는 말들이 있었다.
마른 잎이 길 위를 구르는 소리,
풀벌레가 제 생의 마지막을 우는 소리,
찻물이 식어가며 내는 아주 작은 숨소리.

시끄러운 상념들은 모두 재가 되고
걱정의 날카로운 모서리도 닳아 없어질 때,

나는 비로소 내가 된다.

더 이상 무언가가 되지 않아도 좋은,

그냥, 여기 있는 나.

창밖의 어둠과 나 사이에는

아무런 문도, 벽도 없었다.

오래된 친구처럼,

고요가 내 곁에 와, 가만히 앉아 있었다.

세상에서 가장 조용한 시간

오전의 전쟁 같던 통화 소리가 멎고
점심의 부산했던 그릇 소리도 잠들었다.
세상은, 돛을 내린 배처럼, 잠시, 숨을 고른다.

오후 두 시.
세상의 모든 소란이,
가장 낮은 곳으로, 잠시, 가라앉는 시간.
밤의 고요가, 모든 것을 품는 어둠이라면
오후의 고요는, 모든 것을 내려놓는 햇살이다.

꾸벅꾸벅, 조는 고양이의 등 위로,
먼지들이, 제 무게를 잊고 춤을 추는 시간.
나는 이 시간이 좋다.

치열했던 오전의 나도,

분주할 저녁의 나도 아닌,

그저, 가만히, 존재하는 나로 있을 수 있는 시간.

어떤 역할도, 어떤 이름도 잠시, 내려놓는 시간.

나는 이 고요한 정오의 바다 위에서

아주 길고, 깊은,

숨을 한번, 고른다.

곧 밀려올, 다음 파도를 맞이하기 위하여.

오후 세 시의 그림자

정오의 태양 아래에서는, 보이지 않았다.
발밑에 바싹, 웅크리고 숨어있던 너.
세상의 모든 것이 빛나는 그 시간에는,
너의 존재를, 나는 잊고 살았다.

해가 기울고, 오후 세 시.
내 뒤에는, 내가 걸어온 길보다 더 길어진
검고, 서늘한, 그림자 하나가 눕는다.
한때는, 너를 지워버리고 싶었다.
빛 속에서만 살고 싶었다.

하지만 이제 안다.
그림자가 있다는 것은,

내가, 아직, 빛 속에 서 있다는
가장 분명한, 증거였으므로.
가장 눈부신 것들은, 언제나
자신의 가장 짙은 그림자를, 품고 있었으므로.

나는, 내 뒤에 길게 누운
나의 오랜 친구에게, 말을 건넨다.

"오늘, 햇살이 참 따스하구나.
그래서 너도, 참 따스해 보이는구나."

아침 새소리, 다 좋았다

아무런 맥락도 없이
그저, 울었다.
동이 트는 새벽, 창문을 넘어온 새 한 마리가
세상에서 가장 청명한 목소리로, 그냥 울었다.

어떤 날의 나는, 저 울음에서 슬픔을 읽었을 테고
어떤 날의 나는, 희망을 찾아 헤맸을 것이다.
저 울음의 의미를, 이유를, 끝없이 되물었을 것이다.

그런데 오늘 아침은
아무것도 묻지 않았다.
왜 우는지, 무엇을 위해 노래하는지.
그저, 듣고 있었다.

내 마음의 어떤 서사도 보태지 않고,
있는 그대로의 소리를, 가만히, 받고 있었다.

좋았다.
이유를 댈 수 없어서, 더 좋았다.

새는 잠시 머물다, 제 갈 길로 날아갔지만

그 맑은 울음소리 하나가,
오늘 나의 하루 전체를, 물들였다.

점심을 먹는다

젊은 날에는, 밥을 입으로 먹지 않고
머리로 먹었다.
오후의 회의를 생각하며, 어제의 실수를 곱씹으며
음식은, 맛이 아니라 연료일 뿐이었다.
나는 허겁지겁, 하루를 삼켰다.

오늘, 나는
숟가락을 들기 전, 잠시, 눈을 감는다.
이 밥 한 그릇이 나에게 오기까지의
길고 긴 여행을 생각한다.
이 쌀 한 톨에는, 뜨거운 햇살과, 밤새 내린 비와,
이름 모를 농부의 땀방울이 담겨 있다.

반찬 하나에는,
바다의 소금과, 흙의 기운과,
그것을 무쳐낸 아내의 마음이 담겨 있다.
나는 지금, 혼자 밥을 먹지만
온 우주와, 함께 밥을 먹는다.

한 그릇을, 깨끗이, 비운다.

오늘 오후, 내가 다시 살아갈
힘을, 얻는다.
잘 먹었습니다.
나를 살게 하는, 세상의 모든 것들에게.

점심시간의 밑줄

오전의 시간은,
수정하고, 결재하고, 지시해야 할
빽빽한 문장들의 연속이었다.
나는 쉼표도 없이, 그 문장들 위를 달려왔다.

정오를 알리는 시계 종소리.
나는 하던 일을 멈추고, 펜을 내려놓는다.
그리고 오전의 모든 업무들 아래에
반듯하게, 붉은 밑줄을 하나 긋는다.
여기는 잠시, 세상의 소음이 멈추는 곳.

점심시간은,
오전과 오후 사이에 찍는 쉼표가 아니라

하루의 가장 중요한 문장에,
스스로, 그어주는, 붉은 밑줄이었다.
'그럼에도 불구하고, 나는 지금 여기에 살아있다'는,
가장 빛나는 문장 아래에.

한 시간의 점심이 끝났다.
나는, 그 밑줄을 지우지 않기로 한다.

하루의 중심에,
온전히 나로 살았던 시간이, 선명하게 그어져 있으니,
이제 오후는,
그 밑줄의 힘으로, 다시 걸어가면 되는 것이다.

우리가 커피를 마시는 진짜 이유

잠을 쫓기 위해 커피를 마신다고 생각했다.
쏟아지는 업무와, 꺼지지 않는 휴대폰과,
정신없이 돌아가는 세상의 톱니바퀴에
기름을 치는 일이라 생각했다.

그런데 오늘 아침엔, 조금 다르게 보인다.
어쩌면 우리는, 카페인이 아니라
삶의 쉼표가 필요해서 커피를 마시는 건지도 모른다.
쉴 새 없이 이어지는 문장들 사이에
잠시, 숨을 고를 틈을 만드는 일.

뜨거운 한 모금이 목젖을 적실 때,
나는 세상이 아니라, 나에게로 돌아온다.

복잡한 생각들을 잠시 내려놓고
컵을 쥔 손의 온기에, 집중하는 시간.
이 십 분의 고요를 사기 위해
우리는 기꺼이, 쓴맛을 삼키는 것이다.

다시 잔을 채운다.
오늘 하루도,

전쟁터 한가운데서 잠시, 평화를 맛본다.

애도하는 마음으로 어제를 보낸다

해가 지고,
하루의 빛이 모두 스러지는 저녁이 오면,
나는, 오늘이라는 이름의, 나의 하루를 떠나보낸다.
다시는 돌아오지 않을 시간이므로,
애도하는 마음으로, 정성껏, 배웅한다.

좋았던 순간은, 그리움으로,
아팠던 순간은, 배움으로,
내 마음의 서랍에, 차곡차곡, 묻어준다.
더 이상 꺼내보지 않을 것을 알지만,
그 시간 또한, 온전히, 나의 것이었으므로.

어제를 온전히, 떠나보내야만

내일의 태양이, 온전히, 나에게로 올 수 있다.
미련이라는 무거운 외투를 벗어야만
희망이라는 가벼운 옷을, 새로, 입을 수 있다.

잘 가거라, 나의 어제여.
너의 모든 순간들 덕분에,
나는 또 한 뼘, 자라났다.

나는 이제, 문을 닫고,
새로운 아침을, 맞이할 준비를 한다.

아침을 여는, 나만의 의식

세상이 잠 깨기 전,
가장 먼저 일어나, 창문을 연다.
밤의 묵은 숨을 내보내고,
새벽의 차고, 깨끗한 공기 속에서
오늘 할 일과, 만날 사람들을, 차례로, 떠올린다.

그리고 다짐한다.
어쩌면, 마지막일지도 모를 오늘 하루,
모든 순간에, 모든 사람에게, 나의 최선을 다하겠다고.

하지만 이제 나의 최선은,
나를 모두 소진하는 것이 아니다.
따뜻한 말투를 건네는 것,

무례함에 단호히 선을 긋는 것,
내가 틀릴 수도 있음을 인정하는 것,
그리고,
온전히, 지금 이 순간을 사는 것.

차 한 잔을, 아주 천천히, 비워낸다.
밤새 구겨졌던 마음의 모서리를,

따뜻한 김으로, 천천히, 편다.
이제, 문을 열 시간.

오늘이라는 이름의, 낯선 손님을
나는, 맞이하러 나간다.
무장하지 않은 채,
그러나, 가장 단단한 마음으로.

평범함 속에 숨은 뜻

젊은 날에는, 낡은 것들이 그저 낡은 것일 뿐이었다.
얼룩진 찻잔은 버려야 할 것이었고
벽에 생긴 균열은 메워야 할 흠집일 뿐이었다.
나는, 모든 것의 겉모습만을 보고 살았다.

어느 날, 오래 써서 손때 묻은 그 찻잔의 얼룩이
아내와 내가 함께 흘려보낸 시간의 지도처럼 보였다.
무심코 지나치던 담벼락의 균열 속에서
작은 풀꽃 하나가, 기어코, 피어난 것을 보았다.

세상에, 의미 없는 것은 없었다.
내가, 의미를, 발견하지 못했을 뿐.

위대한 시는, 화려한 언어에 있는 것이 아니라
낡은 찻잔의 얼룩 하나를,
가만히, 들여다보는,
그 다정한 시선 속에 있었다.

나는 오늘도,
평범함이라는 이름의, 가장 위대한 시집을

첫 장부터, 천천히, 읽어 내려간다.

일상에서 마주치는 신의 문장들

젊은 날의 나는,
위대한 문장을 찾아 거대한 책들을 뒤졌다.
현자들의 빛나는 격언 속에서,
혹은 장엄한 풍경 앞에서
신의 목소리를 들으려 애썼다.
대부분, 아무것도 들리지 않았다.

어느 날 아침,
거미줄에 맺힌 작은 이슬방울이
아침 햇살에, 보석처럼 반짝이는 것을 보았다.
아, 저것이 신의 문장이었구나.
가장 보잘것없는 곳에, 가장 찬란하게 새겨져 있었구나.

아이가 묻는 서툰 질문,

구부정한 허리로 텃밭을 가꾸는 노인의 주름진 손,

소나기가 휩쓸고 지나간 뒤의 맑은 흙냄새.

가장 위대한 문장은,

가장 낮은 곳에서,

가장 조용한 목소리로, 우리를 기다리고 있었다.

이제 나는, 책을 덮고, 창문을 연다.

세상이라는 거대한 시집을 읽는다.

신은 오늘도,

저물어가는 노을 한 조각으로,

수고했다, 애썼다,

나에게, 말을 건네고 있다.

헛걸음도 걸음이었다

내비게이션에도 없는 길로 잘못 들어섰을 때,
만나기로 한 사람이 끝내 나타나지 않았을 때,
굳게 닫힌 가게 문 앞에서 발길을 돌려야 했을 때.
젊은 날의 나는 그것을 실패라 불렀다.
시간을 낭비했고, 하루를 망쳤다고 투덜거렸다.

그런데 이제 와 돌이켜보니,
잘못 들어선 그 골목에서
나는, 내 인생의 가장 아름다운 노을을 만났다.
바람맞았던 그 벤치에 앉아
나는, 잊고 있던 내 안의 목소리를 들었다.

목표를 잃어버린 순간

나는 비로소, 길 자체를 얻었다.

결과를 향해 돌진하던 걸음을 멈추고 나서야

길가에 피어있던, 이름 모를 들꽃들이 눈에 들어왔다.

헛걸음이 아니었다.

목적지에 닿지 못했을 뿐,

그 모든 걸음도, 결국엔 나의 걸음이었다.

나의 시간이었고, 나의 풍경이었다.

제철을 기다리는 마음으로

젊은 날에는, 모든 것을 재촉했다.
겨울에 억지로 꽃을 피우려 했고
여름에 가을의 열매를 탐했다.
기다림은 어리석음이라 믿었고
세상의 모든 문을, 나는 발로 걷어찼다.

이곳에 살며, 나는 나무에게 배웠다.
아무리 발돋움해도, 제힘으로 잎을 틔울 수 없음을.
농부의 그을린 등에게서 배웠다.
가장 좋은 것들은 애쓴다고 오는 게 아니라
묵묵히, 제철을 기다려야 온다는 것을.

내 삶에 아직 오지 않는 것들을 위해

이제 나는, 조급해하지 않기로 한다.
더딘 사랑도, 무르익을 시간이 필요하고
깊은 슬픔도, 떠나갈 계절이 따로 있음을
이제는, 조금 알 것 같다.

마당 가, 앙상한 감나무 가지 끝에
까치밥으로 남겨둔 홍시 하나가 볕을 쬐고 있다.

다음 계절의 내 시간도
저렇게, 탐스럽게 익어갈 것을 믿는다.

기록되지 않은 기억은 추억이 될 수 없다

시간은 그저, 흘러갔다.
어제의 햇살과, 그제 갰던 빨래와,
작년 가을의 단풍잎 색깔 같은 것들.
수많은 장면들이 내 곁을 스쳐 갔지만
붙잡아주지 않은 기억들은,
왔었다는 흔적도 없이, 희미해졌다.

순간은, 그저 스쳐 갈 뿐이지만
우리가 이름을 불러주고, 눈 맞추어줄 때,
비로소, '추억'이라는 이름의 별이 된다.
밤하늘의 다른 별들이 길을 잃었을 때
나를 비춰주는, 나만의 작은 북극성.

시를 쓴다는 것은,

어쩌면, 이 모든 순간에

'잊지 않겠다'는 밑줄을 긋는 일.

아내의 웃음소리에, 아이의 서툰 질문에,

창밖으로 지는 저녁노을의 빛깔에,

가만히, 마음의 책갈피를 꽂아두는 일.

오늘 저녁, 아내의 웃음소리가

거실에 잠시, 머물렀다.

나는 하던 모든 일을 멈추고

그 소리에, 온전히, 귀를 기울였다.

잊지 않기 위해서가 아니라

그냥, 그 순간을,

온전히, 살기 위해서.

귀여움은 힘이 세다

세상의 모든 갑옷을 껴입고
굳은 얼굴로, 집에 돌아온 저녁.
나는 하루 종일, 어려운 문제들과 싸웠고
마음은 조금, 지쳐 있었다.

그때, 현관으로 아장아장 달려 나와
내 다리를 꽉, 끌어안는
저 작고 말랑한 생명체.

어른의 복잡한 논리와,
세상의 무거운 시름들은
아주 작고, 귀여운 것들 앞에서
언제나, 속수무책이었다.

나는 그 자리에, 무장해제 된다.
나의 모든 피로와, 나의 모든 방어기제와,
오늘 하루, 나를 괴롭혔던 세상의 모든 소음이
너의 웃음 한 번에,
백기를 들고, 항복을 선언한다.

그래, 너의 승리다.
나는 기꺼이, 너라는 평화의 포로가 된다.

택시 기사님의 온기

세상의 모든 소음과 불빛에 지쳐
택시 뒷자리에 몸을 깊숙이 묻었던 밤.
나는 목적지였고,
기사님은 운전사일 뿐이었다.
우리 사이엔 침묵과, 미터기 올라가는 소리뿐이었다.

목적지에 다다랐을 때,
돈을 건네받은 기사님이 무심하게, 말했다.
"오늘 하루, 고생 많으셨네요.
조심히 들어가십시오."

늘 듣던, 인사말이었다.
그런데 그날 밤은, 이상하게도

그 평범한 한마디가, 쿵, 하고 심장에 내려앉았다.
가장 깊은 위로는 가끔,
가장 먼 곳에서,
가장 낮은 목소리로, 예고 없이, 찾아온다.

아무도 알아주지 않는다고 생각했던 나의 하루를,
이름도, 얼굴도 모를 당신이, 알아주었다.

나의 고단함을, 꿰뚫어보고 있었다.

택시가 떠나간 뒤에도, 나는 한참을 서 있었다.
그가 건넨 따뜻한 말 한마디를,
외투처럼, 한참을, 입고 있었다.

눈 그친 길 위에서

천사의 날개는 너무 커서
제 그림자에 가려진 세상을 보지 못했다지.
아래에서 들려오던 울음소리, 굶주린 이들의 비명,
모두 거대한 깃털 아래 묻혔을 때,
천사는 비로소 제 날개의 무게를 깨달았을까.
그것이 타락의 시작이었다지.

우리 모두 천사의 얼굴을 가졌나 했던가.
그렇다면 여기는,
서로의 날개 그림자에 갇혀버린
타락한 천사들이 사는 세상인가.
어둠 속에서 비틀거리는 이들,
날개 없는 등을 쓸어내리는 이들.

하지만, 나는 안다.
이 평등한 어둠 속에서,
누군가는 끝내 웃음을 기다리고 있다는 것을.
모든 것이 무너져 내린 폐허 위에서,
아주 작은 빛 한 조각을 향해
가늘게 손을 뻗고 있다는 것을.

함박눈이 내리던 밤이 있었다.
온 세상을 하얗게 덮고,
가장 낮은 곳의 흙탕물까지도
제 깨끗한 깃털로 덮어주던 밤.

그 밤이 지나고,
눈 그친 세상은 기어코 새로운 길을 열었다.
나는 네게 손을 내민다.

자, 이제 함께 걷자.

아무도 밟지 않은 하얀 길 위에
나란히 첫 발자국을 새기자.
슬픔은 잠시 잊고, 기쁨을 향해.
더 이상 그림자 없는 길 위에서,
우리는 날아오를 수 있으니.

벚꽃, 어떤 엔딩

또 이 계절이 왔다.
온 도시가 연분홍 숨결로 가득하다.
솜사탕 같은 꽃망울이 일제히 피어나고
거리엔 봄바람을 타고 온 노랫소리가 흐른다.
서로의 어깨에 갓 기댄,
영원을 믿는 앳된 얼굴 위로
꽃잎이 나비처럼 내려앉는다.

그 찬란한 풍경 속에, 나도 있었다.
쏟아지는 봄의 언어 속에서
나만 홀로 침묵을 앓았던 날들.
손잡을 사람 하나 없어 귀에 꽂은 침묵 속에서,
세상이 부르는 행복의 노래는

아득한 불협화음처럼 들렸다.

그런데, 세월은 흘러
이제는 그 모든 풍경이 그리워진다.
저기, 꽃그늘 아래 행복한 연인들 속에
서툴렀던 내가 있고, 해맑았던 네가 있다.
아, 이제야 알겠다.

떨어지는 저것은 꽃잎이 아니라
수만 개의, 내가 지나온 순간들이었다.

이제 나는 벚꽃의 엔딩을 조금, 알 것 같다.
가장 눈부신 순간에
미련 없이 자신을 흩어내는 저 장엄한 결말을.
그렇게 쌓인 기억의 꽃길 위를
오늘은 담담히, 혼자 걸어간다.
한때는 너와 함께였고,

한때는 세상 홀로였던 바로 그 길을.

모든 봄날은 그렇게 아프고, 또 눈부셨으니.

그랬었지

그랬었지.
사랑은 어찌나 뜨거웠는지
왼팔에 덴 자국이 아직 희미하고,
또 어찌나 차가웠는지
숨 막히던 순간이 문득 발목을 붙잡는다.
그 열병과 오한 사이를 오가며
우리는 위태롭게, 한 계절을 건넜다.

그랬었지.
세상이 온통 내 것 같던 날도 있었다.
세상이 나를 버린 듯,
무릎이 깨지도록 넘어진 밤도 있었다.

상처 위에 딱지가 앉고
굳은살이 박여, 지금의 내가 되었다.

그랬었지.
해마다 벚꽃은 비처럼 쏟아졌다.
덧없이 흩날리는 순간을
어리석게 두 손에 담아보려 애썼지.
결국 잡지 못한 꽃잎들이 쌓여

발밑에 환한 길을 만들고 나서야 깨달았다.
지나간 모든 것은,
버려지는 것이 아니라 쌓이는 것이라고.

그랬었지.
먼지 쌓인 기억 위로
네 이름 한번, 내 이름 한번, 가만히 쓸어본다.
고맙다, 그 모든 날들아.

덕분에 나는 나일 수 있었고
앞으로도, 그럭저럭, 나로 살아갈 것이다.

일상에서 승패를 나누지 않기로 했다

젊은 날의 나는, 매일 갑옷을 입고 출근했다.
세상은 거대한 경기장이었고
모든 만남은 이겨야 하는 승부였다.
몇 번을 이겼고, 수없이 졌는지 모른다.
기쁨은 짧았고, 상처는 오래 남았다.

어느 날 문득, 거울을 보니
싸움에 지친 늙은 병사 하나가 서 있었다.
나는 무엇을 위해, 이토록 싸워왔나.
승리의 전리품은 다 어디로 가고
마음엔 잿더미만 남았는가.

그날 이후, 나는 갑옷을 벗었다.

일상에서 승패를 나누지 않기로 했다.
삶은 경기가 아니라,
가만히, 음미해야 할 풍경이었다.
이기고 지는 것이 아니라, 그저 흘러가는 것이었다.

오늘의 나는
누구도 이기지 않았고, 누구에게도 지지 않았다.

그저 창밖의 나무를 오래 보았고
따뜻한 커피를 남김없이 마셨다.

저녁 하늘에, 별이 하나 떴다.
오늘 하루, 잘 살았는지 못 살았는지
별은, 묻지 않았다.

제5부

오늘은 이만하면 충분하다

계절이 지나갈 때

계절이 지나갈 때는,
소리 없이, 아주 서서히 온다.
어제와 다른 바람의 냄새로,
창문에 부딪히는 햇살의 각도로,
마지막 잎사귀가 위태롭게,
가지 끝에 매달려 있을 때.

그것은 이별과 닮아 있다.
언젠가 떠날 줄 알았지만
막상 그 뒷모습을 볼 때는,
마음 한구석이 서운해지는 것.
뜨겁게 사랑했던 것들과
말없이, 작별하는 법을 배우는 것.

내 젊음의 여름도 그렇게 갔고,
치열했던 가을도 이제 곧 가겠지.
나는 그저, 그 풍경 앞에 서 있다.

떠나는 가을의 옷자락을 놓아주며
가만히, 손을 흔든다.

애썼다고, 너 참 눈부셨다고.

그리고 다가올 긴 겨울을 생각한다.
이 추위 속에서, 우리는
서로를 더 따뜻하게 껴안아야 할 것이라고.

환절기(換節期)

코가 먼저 알았다.
여름의 끝자락, 마지막 매미 소리가 묽어질 때쯤,
가을이란 불청객은 언제나 내 코부터 노크를 했다.
재채기 한번에 온몸이 흠칫, 들썩였다.

물속에 잠긴 것처럼 세상의 소리가 아득해지고,
머릿속은 콧물과 패배감으로 질척거렸다.
'숨이 쉬어지지 않는다.'
이 지긋지긋한 답답함, 실은 아주 오래된 나의 병력이었다.

숨 막히는 건, 익숙했다.
어린 나는 동네 이발소의 하얀 가운이 사형수의 옷처럼 두려웠다.

거울 밑 세면대로 고개를 숙일 때면,
차가운 사기(瓷器)에 이마가 닿을 때면
나는 세상의 모든 공기가 사라진다고 믿었다.
죽을힘을 다해 숨을 참았다.
입으로 숨 쉬면 되는 거였는데.
그 간단한 사실을,
세상에 몇 번이나 처박히고 나서야 겨우 알았다.

"신사는 손수건을 지니고 다닌다지."
결혼하고 얼마 안 돼 내가 툭 던진 말에
당신은 밤새 손수건 일곱 장을 곱게 다려 놓았다.
터져 나오는 재채기 두어 번에
당신의 밤은 속절없이 젖어 내 바지 주머니를 적셨다.
나는 휴지 같은 인생인가 보다, 툴툴거리는 내게
"그래도 매번 새것이라 다행인 인생이지"라며
등을 토닥이던 당신의 손바닥.
그것은 언제나 나의 가장 따뜻한 처방전이었다.

사람들은 단풍으로 가을을 알고 낙엽으로 겨울을 본다지만,
나는 콧속의 미세한 전쟁으로 계절의 변방을 읽는다.
코는 더 이상 부끄러운 고질병이 아니라,
세상의 변화를 가장 먼저 알려주는 나의 노련한 통역관이다.
아, 또 한 번의 계절도 아프겠구나, 나직이 중얼거린다.

파도에 닳은 늙은 뱃사람들은
지나온 물길의 흉터를 읽어야 새 길을 연다고 했다.
숨 막히던 이발소와, 흠뻑 젖어버린 손수건과,
해마다 나를 찾아오던 이 환절기가
모두 내가 지나온 길에 새겨진 물길의 흉터 자국이었음을.
그것들은 나를 주저앉히러 온 것이 아니라
숨 쉬는 법을, 사랑하는 법을, 살아내는 법을
온몸으로 가르쳐주러 온 길잡이였음을.

오늘도 콧물을 훌쩍이는 나에게
말없이 다가와 두루마리 휴지를 길게 끊어 건네는 당신.

나는 그 축축한 장면을 넘기며

우리가 같이 보낸 절기들을,

이제는 울지 않고 줄줄 외워본다.

젊음이 사라졌을 때 내게 남은 무기

젊은 날의 내 무기는,
뜨거운 심장과, 지치지 않는 열정이었다.
세상을 향해 휘두르는 시퍼런 칼이었고
정답을 향해 돌진하는, 맹목적인 창이었다.
그 칼에 세상도 베였지만, 나 또한 깊이 베였다.

세월은, 무딘 칼날처럼
내 손에서 그 무기들을 하나씩, 앗아갔다.
열정은 식었고, 심장은 더디게 뛰었다.
나는, 빈손으로 싸움터에 남겨진 것처럼
오랫동안, 불안했다.

얼마간의 시간이 더 흐른 뒤에야, 나는 알았다.

젊음의 무기가, 세상을 향해 휘두르는 '칼'이었다면
나이듦의 무기는, 나를 향해 돌려세우는 '거울'이었다는 것을.
상대의 눈을 보는 대신, 나의 마음을 들여다보는 것.
승리하는 대신, 기꺼이 져주는 것.
소리치는 대신, 말없이 웃어주는 것.

나는 이제,

거대한 칼을 휘두르는 대신
작은 방패로, 소중한 것들을 지키는 법을 안다.
그리고 그 방패 뒤에 서서,
세상을 향해, 가장 온화한 표정을 짓는다.

그것이, 젊음이 사라진 뒤
내게 남은, 가장 마지막의,
그리고 가장 강한 무기다.

제5부 오늘은 이만하면 충분하다

늦게 피는 꽃이 더 오래 향기롭다

조급했다.
봄이 오면, 세상 모든 꽃들이 일제히 피어나는데
나만 홀로, 꽃망울 하나 맺지 못한, 앙상한 가지 같았다.
남들의 화려한 꽃잎을 부러워했고,
아무것도 내어놓지 못하는, 나의 겨울을, 원망했다.

묵묵히, 땅속의 물을 길어 올리며
나의 나무는, 아주 서서히, 자라고 있었다.
꽃잎을 뽐낼 시간에, 뿌리를 더 깊이 내리고
향기를 흩날릴 시간에, 단단한 줄기를 만들고 있었다.
나는, 나만의 계절을, 준비하고 있었을 뿐인데.

늦게 피는 꽃이, 더 오래, 향기롭다.

일찍 피어, 서둘러 지는 꽃들을, 부러워하지 않기로 한다.
나의 봄은, 조금 더 늦게, 그러나 분명히, 올 것이다.

나는, 나의 때를, 믿는다.
가장 깊은 향기를, 피워내기 위해
오늘도, 보이지 않는 땅속으로,
나의 뿌리를, 조용히, 뻗어 내린다.

걱정과 후회 속에 오늘을 살지 않기로 했다

나의 하루는, 둘로 나뉘어 있었다.
절반은, 어제의 후회를 곱씹는 시간이었고
나머지 절반은, 내일의 걱정을 미리 당겨쓰는 시간이었다.
정작 '오늘'이라는 이름의 시간은,
그 틈바구니 속에서, 설 자리를, 잃곤 했다.

어제는, 이미, 내가 보낸 편지.
다시 고쳐 쓸 수 없고, 되돌려받을 수도 없다.
내일은, 아직, 부치지 않은 편지.
어떤 내용으로 채워질지, 아무도 알 수 없다.
내가, 온전히, 살아갈 수 있는 시간은
오직, '지금, 여기' 뿐이었다.

그래서 나는,
어제의 우체통을, 더 이상, 뒤지지 않기로 했다.
내일의 편지지를, 미리, 꺼내보지도 않기로 했다.
후회와 걱정이라는, 낡은 주소들 대신
나는, '오늘'이라는, 주소 없는 길 위에, 서기로 했다.

나는, 오늘, 뜬 구름을 보고
나는, 오늘, 부는 바람을 맞는다.
그것으로, 충분한, 하루다.

흠집이 아니라 생활 기스입니다

새 차를 뽑은 날,
작은 돌멩이 하나가 튀어 생긴
머리카락 같은 흠집 앞에서
나는 온종일, 마음을 앓았다.
완벽한 세상에 오점을 남긴 것 같았다.

오래된 나무 식탁을 본다.
뜨거운 냄비 자국, 아이가 포크로 찍은 흔적,
수없이 오고 간 그릇들이 새겨놓은 길들.
어느 하나 반듯하지 않지만
저 모든 흠집이, 이 식탁의 역사다.

완벽함은 아무런 이야기도 없지만

잘 살아낸 모든 것들에는, 흠집이 있다.

이제 나는 안다.
내 마음에 남은 얼룩과,
이마에 새겨진 서툰 주름들과,
무릎 위에 남은 희미한 흉터는
실패의 흔적이 아니라, 살아냈다는 증거임을.

부끄러운 흠집이 아니라,
치열하게 부딪치고 사랑하며 얻은
자랑스러운 '생활 기스'였음을.

오늘 아침, 거울 앞에서
눈가의 잔주름을 가만히, 쓸어본다.
웃다가, 울다가,
내가 여기까지 걸어온 발자국이다.

아깝지 않은 사랑은 없었다, 모두 나를 조각했다

첫사랑은, 날카로운, 조각칼이었다.
돌 속에 갇혀 있던 나를
세상 밖으로, 처음, 드러내 주었다.
그녀의 손길이 닿을 때마다
나는, 내가 될 수 있는 가능성을 보았다.

나를 무너뜨린 줄 알았던 사랑은
무심한, 망치였다.
깨지고, 부서지고, 온몸의 조각들이 흩어졌다.
그 고통의 파편 속에서 나는,
내 가장 약한 부분과, 가장 깊은 바닥을 보았다.
그때 나는, 비로소, 나를 배웠다.

어떤 사랑은, 결이 고운, 사포 같았다.

망치가 남긴 날카로운 모서리를

오랜 시간, 말없이, 쓸어주었다.

덕분에 나는,

다시 누군가에게 손 내밀 수 있는 사람이 되었다.

이제 와 돌이켜보니,

아깝지 않은 사랑은 없었다.

기쁨으로 나를 깎고,

슬픔으로 나를 파내고,

위로로 나를 닦아내던

그 모든 손길이, 지금의 나를 빚어냈다.

오늘의 나라는 이 울퉁불퉁한 조각상은

그 모든 사랑이 남긴,

단 하나의 작품이다.

그 모든 파도가 내 삶을 아름답게 조각했다

젊은 날에는, 파도가 무서웠다.
세상이라는 바다는 무섭게 포효했고
내 작은 배를, 금세라도 집어삼킬 듯 덤벼들었다.
나는 파도에 맞서 싸우고, 피하고, 때로는 원망했다.
매일 밤, 온몸이 젖은 채, 지쳐 잠들었다.

파도는 쉼 없이, 나를 때렸다.
내 삶의 날카롭던 모서리들이, 하나씩 깎여나갔다.
나는 내가, 닳아서 없어진다고 생각했다.
세상이라는 거친 파도에, 부서지고 있다고 믿었다.

얼마나 더 시간이 흐른 뒤였을까.
나는 문득, 둥글어진 나를 보았다.

나의 모든 모서리가 깎여나가던 그 자리에,
세상의 모든 것을, 둥글게, 껴안을 수 있는
부드러운, 곡선이 생겨났다.

이제 나는,
내게 밀려오는 다음 파도를, 두려워하지 않는다.
나를 부수러 오는 것이 아니라,

더 아름다운 나로, 빚어주러 오는 것임을 알기에.

어서 오너라, 파도여.
나는, 기꺼이, 너에게, 나의 남은 모서리를 내어주겠다.

내 삶에 머물렀던 모든 이들에게

나를 사랑했던 이들은
내 안에 나무를 심었다.
그늘을 만들어주고, 때로는 기댈 어깨를 내주었다.
그들이 심은 나무가 모여, 나는 작은 숲이 되었다.

나를 떠나갔던 이들은
내게 길을 알려주었다.
그들이 돌아서서 만든 빈자리 덕분에
나는 다른 쪽으로, 새로운 걸음을 뗄 수 있었다.

나를 아프게 했던 이들은
나를 더 깊어지게 만들었다.
날카로운 말들은 굳은살이 되었고,

차가운 눈빛은 내 안의 온기를 더 소중히 여기게 했다.

그들이 아니었다면, 나는 평생 얕은 물가에만 머물렀을 것이다.

이제 와 생각하니,
아깝지 않은 인연은 없었다.
햇살이었던 사람도, 폭풍이었던 사람도

결국엔 나라는 나무의, 단단한 나이테가 되었다.

늦은 밤, 홀로 술잔을 기울인다.
나를 스쳐 간 모든 바람과, 나를 적셨던 모든 비에게,
그리고, 단 한 번이라도 나를 비춰주었던 모든 햇살에게,
고개 숙여, 고마움을 전한다.

오십이 되어서야 알게 된 것들

스무 살에는
사랑이 전부 같았고
정의는 언제나 승리한다고 믿었다.
세상은 내 힘으로 바꿀 수 있는 거대한 문인 줄 알았다.

오십이 되어서야 알았다.
세상은 문이 아니라, 그저 흘러가는 강이었고
내 편 네 편을 나누는 일보다, 함께 같은 방향을 보는 일이 더 귀했다.
뜨거운 다짐보다, 따뜻한 침묵이
때로는, 더 깊은 위로가 된다는 것을.

정답을 찾으려 애쓰던 날들이

질문을 품고 사는 날들로 바뀌고,
아등바등 앞서려던 걸음은
곁에 있는 것들을 지키는 걸음으로, 느려졌다.

저물어가는 저녁 하늘을 본다.
완벽하지 않았던 나의 모든 날들이
그런대로 나쁘지 않았다고,

오십이 되어서야, 겨우 나에게 말해준다.

슬프지 않은 노년을 위하여

젊은 날에는, 꿈이 밥을 먹여주는 줄 알았다.
가슴속에 거대한 별 하나를 품고,
그 빛을 따라, 앞만 보고 달렸다.
꿈을 이루면, 모든 것이 완성될 거라 믿었다.

어느덧 길의 중간쯤에 서서 돌아보니,
꿈은, 이루어져도 허무하고
이루지 못하면 상처로 남는,
위험한 것이기도 했다.
내 모든 시간을 걸 만큼, 눈부신 것은 아니었다.

나이가 들면,
이루지 못한 꿈보다

가꿀 줄 아는 취미 하나 없는 것이,
더 슬프다는 것을 알았다.
거창한 내일의 약속보다,
사소한 오늘의 즐거움이 더 귀하다는 것을.

오늘 오후, 나는
텃밭의 흙을 고른다.

세상을 바꿀 꿈 대신,
작은 상추 씨앗을 심는다.
내일 아침, 아주 조금 더 자라 있을
그 초록을 기다리는 것.

이제, 나의 가장 큰 행복은, 그런 것이다.

유한하기에 더 소중한 것들

젊은 날에는, 영원을 꿈꾸었다.
바위처럼 단단하고, 별처럼 영원한 사랑을 믿었고
나의 이름이, 시간이 지나도 지워지지 않기를 바랐다.
사라지는 모든 것들은, 약한 것이라 여겼다.

그러나 이제 와 보니,
나를 살게 한 것은 언제나, 유한한 것들이었다.
오늘 저녁이면 스러질, 저 노을의 찬란함.
봄날, 짧게 머물다 떠나기에 더 애틋했던 벚꽃.
다시는 돌아오지 않을, 아이의 어릴 적 웃음소리.

영원한 것들은 우리를 압도하지만,
사라지는 것들만이, 우리를 뜨겁게 위로한다.

우리의 삶이 눈부신 이유는
언젠가, 끝이 있기 때문일 것이다.
오늘 하루가 소중한 이유는
내일의 아침이, 당연하지 않기 때문일 것이다.

저녁 창가에 앉아,
나는, 한 뼘 더 짧아진 내 삶의 길이를
원망 대신, 가만히, 끌어안는다.
유한하기에, 이 모든 순간이, 기적이었음을.

삶이라는 모호함을 견디는 힘

젊은 날에는, 모든 것에 정답이 있다고 믿었다.
내비게이션처럼, 인생에도 가장 빠른 길이 있을 거라고.
나는 늘, 그 정답을 찾기 위해 두리번거렸다.
모호함은, 길을 가로막는 짙은 안개 같아서
두렵고, 답답하고, 빨리 걷어내야 할 무엇이었다.

하지만 살아보니,
삶의 중요한 순간들은, 언제나, 안갯속에 있었다.
정답을 알고 내디딘 걸음은 없었다.
모든 선택은 불안했고, 모든 길은 처음이었다.

삶의 정답을 찾는 일을 그만두었을 때,
나는 비로소,

삶이라는 질문, 그 자체를,
사랑하는 법을 배우기 시작했다.

오늘 아침, 문을 여니
한 치 앞도 보이지 않는, 짙은 안개가 껴 있었다.
예전의 나라면,
안개가 걷힐 때까지, 마냥, 기다렸을 것이다.

나는, 그냥,
안갯속으로, 한 걸음, 내딛는다.
어디로 가야 할지, 무엇을 만나게 될지
아무것도, 알 수 없지만,

그래서, 괜찮다.
어쩌면, 그래서, 더 좋을지도 모른다.

살아온 날보다 살아갈 날을 위해

나는, 내가 걸어온 길을 사랑한다.
울퉁불퉁한 자갈길도, 아득했던 흙길도,
그 길 위에서 만난 모든 인연과 흉터까지도.
지나온 모든 날들이, 지금의 나를 만들었으니까.
나는 기꺼이, 나의 어제를 껴안는다.

하지만, 나는 어제 안에 갇혀 살지는 않으리라.
추억은 따뜻한 외투지만, 때로는 무거운 갑옷이 되기도 하니까.
후회는 깊은 스승이지만, 때로는 발목을 잡는 족쇄가 되기도 하니까.

나는, 이미 다 읽어버린 책의 마지막 장을 넘기는 대신 아직 아무것도 쓰이지 않은 새 책의 첫 장을 펼치기로 한다.
살아온 날들은 나를 가르쳤지만,
살아갈 날들이, 나를 설레게 한다.

내일 아침에는, 어떤 새로운 햇살이 나를 찾아올까.
어떤 인연이, 내 마음의 문을 두드릴까.

나는 아직, 내가 만나지 않은 나를 만나러 가야 한다.

나는, 어제의 앨범을 조용히 덮고
오늘의 창문을, 활짝 연다.
창틈으로 불어오는 바람 속에
아직 내가 살아보지 않은,
수많은 날의 냄새가 실려 있다.

사소한 사건이 쌓여 거대한 내가 된다

길을 잃고 헤맸던 오후의 햇살,

아버지의 굳은살 박인 손의 감촉,

아내가 건네주던 따뜻한 찻잔의 온기,

이불을 걷어차던 아이의 작은 발,

상처 위에 돋아나던 새살의 간지러움.

그런 사소한 것들이 내 안에 차곡차곡, 쌓여왔다.

내 인생은, 신문에 실릴 만한 위대한 서사로 채워지지 않았다.

그보다는, 누구도 주목하지 않는 각주와,

이름 없는 행간과,

나만이 아는 쉼표들로, 빼곡했다.

내 인생이라는 낡은 모자이크는

찬란하게 빛나는 보석이 아니라,
무심코 발에 채이던 조약돌과
깨지고 버려진 사금파리 조각들로,
조금씩, 제 모양을 갖춰나갔다.

돌아보니, 그 모든 순간이 나였다.
좋았던 날도, 아팠던 날도,

그냥, 흘러가던 날들까지도.
그 사소한 사건들이 무수히 모여,
오늘의 나라는, 이 우주를 만들었다.

이만하면,
꽤, 괜찮은 생이었다.

내 묘비명에 적고 싶은 한 문장

성공한 사업가,
자랑스러운 아버지,
시대를 앞서간 선구자.
그런 그럴듯한 문장들은 사양하겠다.
내 삶은 그렇게 반듯한 적이 없었으므로.

아름다운 세상을 노래한 시인,
뜨거운 심장을 가졌던 남자.
그런 낭만적인 문장들도 내 것이 아니다.
나는 자주 차가웠고, 세상이 아름답지 않던 날도 많았으므로.

내 묘비명에는,
그저 가장 정직한 문장을 새기고 싶다.

수많은 흠집과, 그럼에도 불구하고 사랑했던 날들과,
그 모든 시간을 통과하며 내가 얻은
단 하나의 진실을.

'충분히 아파했고, 남김없이 사랑했다.'

그래, 그거면 되었다.
내 인생이라는 어수선한 책의,
마지막 문장으로는,
그거면, 충분했다.

목적지에 대한 생각은, 오래전에 접었다

젊은 날에는, 언제나 목적지가 있었다.
저 산 너머에, 저 강 건너에,
내가 도달해야 할 행복과 성공이 있다고 믿었다.
지도를 닳도록 들여다봤고,
가장 빠른 길만을 찾아 헤맸다.

몇 개의 산을 넘고, 몇 개의 강을 건넜다.
막상 도착한 그곳은, 생각했던 풍경이 아니었다.
환호는 짧았고, 허무는 길었다.
정상에 오르니, 더 높은 봉우리들만 보일 뿐이었다.
나는, 영원히 도착하지 못할 순례자였다.

그래서 어느 날, 나는 지도를 접었다.

더 이상, 저 멀리 있는 어딘가를 보지 않기로 했다.
대신, 내 발밑을,
지금 내가 딛고 있는 이 땅을, 보기로 했다.
삶이란, 도달해야 할 목적지가 아니라
그저, 통과해야 할, 풍경 같은 것이었음을.

나는 오늘도, 그냥 걷는다.

어디로 가는지, 묻지 않는다.
내 신발 밑창에,
오늘의 흙이, 조금 더, 묻었을 뿐.

그것이, 내가 지금,
살아있다는, 유일한 증거이므로.

유랑하는 시간의 운전사

술잔을 부딪치자, 형의 얼굴 위로
와이퍼처럼 세월이 쓱, 지나갔다.
정차 한번 없이 달려온 인생이라며
쓰게 웃는 입가에 노을이 걸렸다.

봄의 벚꽃잎을 쓸어 담고
여름의 파도 소리를 싣고 달렸다 했다.
사람들의 흥이 식어갈 때쯤이면
마이크 하나로 계절의 멀미를 달래주었다 했다.
노래 끝에 손에 쥔 몇 푼의 팁보다
터져 나오는 사람들의 웃음이
더 좋은 안주가 되었다 했다.

하지만 형은 말했다.
운전대를 잡는 매일 아침,
간과 쓸개는 버스 바퀴 아래 던져두고 오른다고.
손님들의 목적지가, 나의 목적지가 되는 삶이라고.

그 말을 듣고도, 나는 형이 부러웠다.
번듯한 사무실에 앉아 결재 서류의 무게를 견디는 나.

정해진 노선표 위에서 단 하루도 벗어나지 못하는 나.
간과 쓸개마저 내던진 그 길이,
지도 위에 갇힌 내 길보다 아득히, 멀어 보였다.

술잔에 남은 마지막 봄을 털어 넣었다.
형의 낡은 버스는 지금 어느 시간 속을 달리고 있을까.
내비게이션에도 없는 그 길 위에서,
나도 한번, 길을 잃어보고 싶었다.

터널이 길수록 출구의 빛은 눈부시다

끝이 보이지 않는 터널이었다.
한 걸음을 떼면, 다시 한 걸음만큼의 어둠이 밀려왔다.
내 발자국 소리만이,
내가 아직 살아있다는 유일한 증거였다.

그러던 어느 날, 저 멀리
바늘 끝만 한, 아주 작은 빛이 보였다.
신기루일까, 다시 눈을 비볐지만
점은, 사라지지 않고 그 자리에 있었다.
그 작은 점 하나가, 멈춰 있던 나를 다시 일으켜 세웠다.

절망이 깊었다는 것은,
그만큼의 빛을, 온몸으로 받아낼

준비가 되었다는 뜻이었다.

어둠 속에서 오래 걸을수록

아주 작은 빛에도, 우리는 감사할 수 있으므로.

터널의 끝,

쏟아져 들어오는 빛이 너무 눈부셔,

나는, 두 눈을 감았다.

어둠 속을 오래 걸어온 사람만이

이 빛의 무게를, 안다.

이 눈물겨운 찬란함을, 안다.

세상은, 아직, 쓸 이야기가 많다

내 안의 모든 서랍을 다 열어보고,
모든 흉터를 다 만져보았다고 생각했다.
이제 더 이상, 쓸 이야기가 남았을까.
잉크가 마르고, 백지만 남은 작가처럼
나는 잠시, 막막했다.

고개를 들어, 창밖을 보았다.
이름 모를 풀씨 하나가, 바람을 타고 날고 있었다.
저 작은 것 하나에도,
어디서 태어나 어디로 가는지 모를,
한 생의 장구한 서사가 담겨 있구나.
낡은 벤치 위, 잠든 노인의 깊은 주름에도,
내가 살아보지 못한, 한 시대가 새겨져 있구나.

나는, 잉크가 닳을까 걱정하던, 어리석은 작가였다.

세상이, 내 펜을 빌려,

스스로, 자신의 이야기를 쓰고 있었음을.

나는 그저,

그 이야기들을 겸손히, 받아 적는,

세상의 대필가일 뿐이었음을.

자, 보아라.

세상은 아직, 쓸 이야기가 너무나 많다.

나는 다시, 나의 낡은 펜을 잡는다.

지난 일은 지난 일일 뿐이라는 거짓말

사람들은 쉽게 말했지.
지난 일은 지난 일일 뿐이라고.
덮어두면 그만이고, 잊으면 그만이라고.
그것이 어른스러운 위로라고 했다.

하지만 과거는
흐린 날이면 어김없이 쑤시는 흉터 같아서
잊으려 할수록 제자리를 더 선명하게 주장했다.
어떤 밤에는 불쑥, 잠의 문턱을 넘어와
나를 뜬눈으로 지새우게 했다.

과거는 덮어두는 책이 아니라
내 몸의 혈관을 따라, 오늘도 함께 흐르는 강물이었다.

가끔은 나를 밀어주고,
때로는 나를 주저앉히는, 보이지 않는 물살이었다.

그래서 나는, 과거와 싸우는 일을 그만두었다.
억지로 떠나보내는 대신
내 옆자리에 가만히 앉혀두기로 했다.
이 지독한 그리움과 후회에게도

오늘 밤의 따뜻한 찻잔 정도는,
기꺼이 나눠주기로 했다.

사실 그건 아무것도 아니었다고 말하기까지

"아, 그 일이요?
괜찮아요, 이젠 정말 아무것도 아닙니다."
웃으며, 아무렇지 않게 말한다.
정말, 먼지처럼 가벼운 이야기가 된 것처럼.

하지만 그 '아무것도 아닌 일'은,
한때 나의 모든 것이었다.
온 세상이 무너져 내린 일이었고,
내일이 다시 오지 않을 것 같던 밤이었으며,
숨 쉬는 법조차 잊게 했던, 지독한 통증이었다.
'괜찮다'는 말 한마디를 하기 위해
수만 번의 '괜찮지 않은' 밤을,
홀로, 건너와야 했다.

무너진 폐허 속에서, 맨손으로 잔해를 치우고
깨진 창으로 들어오는 바람을 온몸으로 막아내며
나는, 아주 서서히, 나를 다시 지었다.
"그건 사실 아무것도 아니었어."
웃으며 말하고 돌아선 뒤에야
나는, 무심코, 손등의 옅은 흉터를 만져본다.

여기까지 오느라,
참, 애썼구나.
누구도 모르게, 나에게만, 낮은 목소리로 말을 건넨다.

엔딩을 바꾸기 위해 첫 문장을 다시 쓴다

내 삶이라는 낡은 책은
언제나 마지막 장이 얼룩져 있었다.
후회라는 이름의 잉크가 번져 있었고
바꿀 수 없는 결말이 나를 비웃고 있었다.

마지막 문장을 찢어낼 수는 없었다.
일어난 일은, 일어난 일이었으므로.
아무리 발버둥 쳐도
이야기의 끝은 바뀌지 않았다.

그러다 문득, 깨달았다.
결말이 마음에 들지 않는다면
이야기의 맨 처음으로 돌아가야 한다.

모든 것을 시작하게 만든,
그 첫 문장을 바꾸어야 한다.
'나는 버려졌다'가 아니라
'나는 비로소 홀로 설 기회를 얻었다'라고.
'나는 모든 걸 잃었다'가 아니라
'나는 빈손으로 다시 시작할 수 있게 되었다'라고.

자정이 넘은 책상 앞,
나는 낡은 이야기의 첫 장을 편다.
지우고, 다시 쓸,
나의 첫 문장을 위해.
새로운 결말을 위해.

제6부

숨 고르기 -
다시 불러본 문장들

한숨,
호흡 증명

새벽 다섯 시,
목구멍으로 넘어오는 공기가 칼날 같다.
라디오에선 간밤의 소란이 떠들고
휴대폰은 빚 독촉처럼 울어댄다.
세상은 언제나 말이 너무 많다.

나는 말하는 법을 오래전에 잊었다.
대신, 쓴다.

하얀 입김으로 차가운 유리창을 지우는 일처럼.
내뱉은 숨이 잠시 투명한 길을 만들고
금세 사라지는 세상 위로
눌어붙은 밥알 같은 문장 몇 개, 간신히 얹어놓는 일.

이건 주장이 아니다.

고함도 변명도 아니다.

그저 내가 여기 살아, 숨 쉬고 있다는

희미한 온기의 증명일 뿐.

그러니 친구여,

너무 애써 소리치지 않아도 좋다.

오늘 당신이 성실하게 내쉬는 그 숨도

그것으로 이미, 하나의 시다.

두숨,
이기지 않는 힘

젊은 날에는, 이기는 것이 힘이라 믿었다.

날아오는 돌멩이에는, 더 큰 바위를 던져야 했고

날카로운 말에는, 더 날선 말로 되갚아줘야 했다.

지지 않기 위해, 나는 언제나 온몸에 힘을 주고 살았다.

수많은 싸움에서 이겼지만,
내 곁에는 아무도 남지 않았다.

이제 나는 안다.
진정 강하다는 것은,
모든 싸움에서 이기는 것이 아니라
굳이, 이길 필요가 없는 싸움에
들어가지 않는 것임을.

상처 입히는 대신, 조용히 내 길을 가는 것임.
오늘, 누군가 나에게
모난 돌멩이 하나를 던졌다.
예전의 나라면, 더 큰 바위를 찾아 헤맸을 것이다.
나는 그냥,
한번, 웃어주었다.

내 안의 강은 이제,
작은 돌멩이 하나에 물살이 흔들리지 않을 만큼,
깊어졌다는 것을,
나만, 알고 있었으므로.

세슘,
내가 틀릴 수도 있다는 당연한 사실

젊은 날의 나는, 늘 정답을 손에 쥐고 살았다.
세상은 선과 악으로 나뉘었고,
나는 언제나 옳은 쪽에 서 있다고 믿었다.
나의 신념은 단단한 성채였고,
나와 다른 생각들은 모두, 부서져야 할 적이었다.

오래된 성벽에는, 금이 가기 시작했다.
내가 옳았던 그 수많은 싸움의 끝에,

상처 입은 사람들이 남았고, 나는 혼자가 되었다.
나의 정답이, 누군가에게는 깊은 오답일 수 있다는 것을
나는, 너무 늦게 깨달았다.

'꼰대'가 되지 않는 법은,
정답을 많이 아는 것이 아니라
나의 정답을, 언제든, 의심하는 것이었다.
'나'라는 좁은 창문 대신,
'너'라는 창을 통해 세상을 바라보는 법을 배우는 것이었다.

오늘 나는, 내 서재의 가장 좋은 자리에
얇지만, 가장 무거운 책 한 권을 새로 꽂는다.
그 책의 제목은,
'내가 틀릴 수도 있다는 당연한 사실'.
이제 나는, 이 책을 가장 먼저 펼쳐볼 것이다.

네숨,

대물림

어른들은 나를 보며 말했다.
"저놈, 지 애비하고 어찌 저리 똑같노."
그것은 칭찬이 아니라
내 등 뒤에 찍힌, 지워지지 않는 낙인이었다.

어머니는 평생 아버지를 원망했다.
그 이름을 입에 올리는 대신
깊은 한숨을 토해냈고,
내 얼굴에 어른거리는 아버지의 흔적을
애써 못 본 척, 닦아내곤 했다.

나는 아버지를 모른다.
사진첩에도 없었고, 기억에도 없었다.
그는 다만, 어머니의 한숨과

내 얼굴의 흠집으로만 존재했다.
내가 평생을 벗어나고 싶어 한 그림자였다.

술 취한 밤, 거울 속의 사내와 눈이 마주쳤다.
평생을 부정하던, 바로 그 얼굴.
어머니가 그토록 미워했고,
내가 그토록 몰랐던 남자.
어느새 내가, 그의 나이가 되어
거울 속에 묵묵히, 서 있었다.

방문을 여니, 어린 딸이 곤히 잠들어 있다.
저 작은 등에는,
훗날 누구의 얼굴이 포개지겠지.

다섯숨,
마음을 쓴다

오후의 햇살이, 방 안의 먼지들을
하나하나, 선명하게 비추었다.
어지러운 마음을 닮아 있었다.
나는, 빗자루를 들었다.

사각사각, 빗질 소리.
나는, 방바닥을 쓰는 것이 아니었다.
어제의 후회와, 그제의 걱정과,
차마 털어내지 못했던 욕심의 부스러기들을,
한쪽 구석으로, 가만히, 쓸어 모았다.

빗자루질은,
어지러웠던 어제를 쓸어내고
말끔해진 오늘을, 맞이하는,

나만의 경건한, 의식이었다.

한 줌의 먼지를, 쓰레기통에, 털어 넣는다.
미워했던 마음도, 억울했던 눈물도
이제는, 없다.

텅 비워진 마루 위로,
오늘의 햇살이,
새로, 들어와, 눕는다.

여섯숨,
인생에 여백과 바보 비용을 둔다

젊은 날의 나는, 여백이 두려웠다.
일정표는 분 단위로 채워져야 했고
만남에는 언제나 목적이 있어야 했다.

정해진 길을 벗어나는 모든 걸음은 '실패'라 불렀고,
예상치 못한 실수에는 값비싼 비용을 치렀다.

이제 나는, 기꺼이 길을 잃는다.
인생이라는 그림은
빽빽한 풍경보다, 넉넉한 여백이
더 많은 이야기를 한다는 것을 알기에.
가장 중요한 것들은 언제나,
텅 빈 공간에서, 예고 없이 찾아왔으므로.

그리고 '바보 비용'을 예산에 넣는다.
가장 빠른 길이 아니라, 가장 예쁜 길을 택하는 비용.
꼭 필요하진 않지만, 마음을 설레게 하는 물건을 사는 비용.
때로는 바보처럼, 계산 없이 마음 가는 대로 살아볼,
그런 최소한의 사치를 나에게 허락한다.

오늘, 나는 일부러

약속 장소로 가는 길을 조금, 돌아간다.

지도에도 없는 골목에서

이름 모를 들꽃과 눈 맞추는,

그 즐거운 낭비를, 나는 사랑하기로 했다.

기억에 남는 문장:

인생이라는 그림은

빽빽한 풍경보다, 넉넉한 여백이

더 많은 이야기를 한다는 것을 알기에.

일곱숨,
작은 저항, 시를 쓰는 일

세상은 언제나 더 많은 것을 원했다.

더 빠른 속도를, 더 높은 성과를,

더 소란스러운 성공을 증명하라 했다.

그 거대한 요구 앞에서
나는 자주, 작아졌다.

그래서 나는, 시를 썼다.
세상이 '더 빨리, 더 높이'를 외칠 때
나는 '더 깊이'를 향해, 시를 썼다.
숫자와 실적이 지배하는 세상에서
숫자로 계산할 수 없는 마음을 기록했다.

이것은 나의 가장 작은 저항이었다.
세상을 바꾸지 못할지라도
세상에 나를 잃지 않으려는, 최소한의 방어였다.
총과 칼 대신,
꾹꾹 눌러쓴 문장 하나로 나를 지키는 일.

오늘도 나는,
거대한 세상의 책상 한 귀퉁이에서

나만의 작은 왕국을 건설한다.

누구도 침범할 수 없는,

단 한 줄의, 내 시를 쓴다.

여덟숨,
말의 유목민(遊牧民)

입에서 터져 나온 말들은 힘이 세다.

세상을 짓고, 관계를 맺고, 제 할 일을 하고는

바람처럼, 흩어진다.

그들은 시가 되지 않는다.

시는 언제나, 남겨진 말들의 몫이었다.

차마 뱉지 못해 목구멍에서 맴돌다 굳은 말,

전하지 못해 제 혼자 뜨거웠던 고백,

눈물에 젖어 끝내 발음되지 못한 이름들.

갈 곳을 잃고 영혼의 변방을 떠도는
그 슬픈 유목민들의 것이었다.

시인이 된다는 것은
그 말들의 마지막 유목지를 자처하는 일.
하얀 종이 위에 그들이 쉴 자리를 펴주고
지친 어깨를 묵묵히, 다독여주는 일이다.
채 글이 되지 못한 울음들을
온기로 받아 적는, 고독한 필경사의 일이다.

사람들은 시에서 빛나는 위로를 찾지만
진짜 위로는, 아름다운 문장에 있지 않다.
말이 되지 못한 채 웅크리고 있던
그 최초의 아픔을, 독자가 알아볼 때,
먼저 앓았던 누군가의 흔적과 마주할 때,
시의 온기는 비로소, 심장으로 번진다.

그러니, 친구여.

나는 오늘 밤에도 길 잃은 말들을 모아

여기에 작은 모닥불을 피운다.

이 온기가, 그대에게도 닿는가.

아홉하고 긴 호흡,
화해(和解)

1. 우리는 각자의 섬이 되었다

"마음을 알아줄 생각을 해야지, 왜 화부터 내."
당신이, 굳은 목소리로 성벽을 쌓았다.

"말 안 해주면 내가 어떻게 알아, 신이야?"

내가, 날카로운 목소리로 대포를 쏘았다.

같은 공간, 소파의 양 끝에 앉아
우리는, 각자의 섬이 되었다.
서로가 선명하게 보이는데도,
목소리는 닿지 않는, 투명한 벽.

'서운하다'는 말은 '네가 틀렸다'는 공격이 되고
'알고 싶다'는 말은 '따지고 싶다'는 심문이 되었다.
사랑이라는 이름의, 이 서툰 번역가들은
오늘도, 서로의 진심을 오역하고야 만다.

2. 세상에서 가장 쉬운 용서

세상이 무너진 듯 서럽게 울다가도
돌아선 지 세 걸음도 떼기 전에
아이는 다시 친구의 이름을 부른다.

"미안해."

그 어설픈 말 한마디에,

무너졌던 세상이 다시, 제자리를 찾는다.

어른이 된다는 것은,

마음에 수십 개의 빗장을 더 채우는 일이었구나.

솔직하게 말하는 법을 잊고,

용서하는 법을 잃어버리는 일이었구나.

저렇게 가벼운 길을,

우리는 왜 그토록 무겁게 돌아가고 있을까.

아이의 웃음소리 앞에서,

나는 나의 단단했던 자존심이, 부끄러워진다.

3. 가장 먼 친구에게

시간은 원망을 닳게 하고

그 희미해진 자리에 연민이 싹튼다.

나를 할퀴었던 너의 발톱 아래,

감춰져 있던 너의 깊은 상처가 보이기 시작한다.

철천지원수가 다시 친구가 될 수 있을까.

아이들은 그럴 수 있다고, 망설임 없이 말했다.

나는, 너를 위해 저녁 밥상을 차린다.

가장 큰 잘못을 저지른 사람이,

가장 깊은 용서를 할 수 있음을 믿기에.

우리는 아무 일 없었다는 듯 거짓으로 웃지 않는다.

다만,

서로의 가장 아픈 흉터를 들여다본

세상에 단 하나뿐인, 가장 먼 친구가 될 뿐이다.

얼어붙었던 강이 녹고,

다시, 너에게로 봄이 흐른다.

마지막 열숨,
나는, 이런 사람입니다

나는,
거창한 것들보다, 사소한 것들을 더 사랑하는 사람입니다.
밤하늘의 별보다, 아내의 웃음소리를,
세상의 환호보다, 아이의 잠든 숨소리를,
더, 아끼는 사람입니다.

나는,
정답이 빼곡한 지도보다, 길 잃고 헤매는 걸음을
더 믿는 사람입니다.

완벽한 성공보다, 서툰 실패가 더 많은 것을 가르쳐주었고,
날카로운 논리보다, 따뜻한 침묵이 더 깊은 위로가 됨을
이제는, 아는 사람입니다.

나는,
화려한 도시의 불빛을 등지고
이곳, 횡성의 흙냄새와, 느린 구름을
마음에, 담고 사는 사람입니다.

대단한 사람이 되지는 못했지만
매일,
내 곁의 작은 것들을,
온 마음으로, 사랑하는 사람이 되었습니다.

그것으로, 되었다.
그것으로, 충분하다.

범필로그

· × ✦ × ·

책의 마지막 장을 덮은 당신의 마음이, 조금은, 가벼워졌기를 바랍니다.

우리는 참, 긴 길을 함께 걸어왔습니다. 1집 『모든 점은 결국 별이 된다』에서 서툰 고백으로 상처의 점들을 처음 세상에 내놓았고, 2집 『모든 길은 결국 집이 된다』를 통해 그 점들을 이어 길을 만들었습니다. 3집 『모든 지도는 결국 당신에게 닿는다』에서는 마침내 당신이라는 목적지를 향해 걸었고, 이제 4집에 이르러, 우리는 그 모든 길 위에서 만났던 풍경과 사람과, 그리고 자기 자신과 뜨겁게 화해하는 법을 배웠습니다.

책을 덮은 지금, 당신의 마음에는 무엇이 남아 있습니까. 부디, 빛나는 지혜나 거창한 깨달음이 아니기를 바랍니다. 그저, '나만 아픈 게 아니었구나' 하는 작은 안도감, '이만하면, 꽤 괜찮은 생이었다'고 스스로의 어깨를 토닥여줄 작은 용기, 그리고 오늘 저녁, 당신 곁의 소중한 사람에게 조금 더 다정한 말투로 말을 건네고 싶은, 그런 따뜻한 마음 하나였으면 좋겠습니다.

저는 위대한 시인이 아닙니다. 그저 세상의 모서리에 자주 긁히고, 삶이라는 숙제 앞에서 막막해하고, 사랑이라는 언어 앞에서 서툴렀던, 어딘가 닮은 사람일 뿐입니다. 이 시들은 저의 정답이 아니라, 당신과 함께 풀고 싶었던 저의 질문들이었습니다.

이제, 이 책을 덮고, 당신의 창문을 여십시오. 창밖에는, 당신만이 쓸 수 있는, 당신만의 이야기가 가득합니다. 당신의 '아침을 여는 의식'은 무엇입니까. 당신의 '묘비명에 적고 싶은 한 문장'은 무엇입니까.

이제 저는 다시, 저의 자리로 돌아갑니다. 저의 뿌리인 횡성의 흙 위, '이태리방앗간'의 작은 오븐 앞에서 묵묵히 과자를 구워 당신의 지친 오늘을 위로하고, 때로는 영월 청령포의 강물 앞에 홀로 서서, 비워낸 마음으로 저의 다음 걸음을 내디딜 겁니다.

당신 또한, 당신의 길 위에서, 당신만의 '작고 선명한 불빛들'을 더 많이 발견하시기를. 우리가 함께 걸었던 이 길의 온기가, 당신의 다음 걸음에, 아주 작은 등불이 되어주기를.

우리는 잠시, 같은 길을 걸었습니다. 그것만으로도, 제게는, 충분했습니다. 당신의 모든 오늘을, 이곳에서 뜨겁게 응원하겠습니다.